七彩童

QICAITONGS

小成语大道理

中国孩子喜爱的珍藏读本

XIAO CHENGYU DA DAOLI

幼狮文化 改编

浙江少年儿童出版社·杭州

编者的话

给孩子一个七彩的童年

童年是人生中最天真烂漫、最美好珍贵的时光。在这段时光里，阅读更是不容错过的人生经历。许多年后，当孩子们回忆起童年时光，在心灵的某一个角落，会有一种特别的感受让他们心生温暖，久久回味。

那是一种感动，是童年阅读所产生的纯真而美好的感动。稚嫩的童心如此敏感，它能将自己所感受到的丝丝震颤都深深铭刻在记忆的神经上，生发出许多快乐、忧伤、开心、苦恼的情绪，渲染着孩子们心灵的天空，并幻化出恒久的五彩斑斓。哪怕岁月流逝，孩子们已经日渐长大，这一份感动依然会深深地留存心底，以至影响他们的整个人生。

那些能让童年产生久远的感动、在记忆中留下难以磨灭的痕迹的童话和故事，文字优美，内涵丰富，充满想象力，就像天幕中闪亮的星星，永恒闪耀在孩子的心灵里，为他们送上快乐、友善、智慧、诚信、勇敢、坚强、希望……

这是一些曾经不朽、再过很多很多年依旧不朽的故事。这些故事一经阅读，便会深深植根于孩子们的脑海中，成为一种永久的记忆。

流传久远、讲述古老神奇故事的《一千零一夜》《神话故事》，语言优美、童趣盎然的《安徒生童话》《格林童话》，给予孩子智慧与启迪的《伊索寓言》《三十六计》和《新十万个为什么》，培养孩子优秀个性品质的《男孩故事》《女孩故事》和《感恩故事》，传承中华文化精髓的《唐诗三百首精选》《国学启蒙》和《儿歌三百首精选》，妙趣横生、百读不厌的古典四大名著，充满想象、奇幻有趣的长篇童话故事《绿野仙踪》《爱丽丝漫游奇境记》和《木偶奇遇记》……都是孩子们书架上的珍宝，陪伴着一代又一代儿童度过快乐的时光。朗朗上口的语言，生动有趣的故事，丰富的知识，优美的意境，让孩子们不仅能从中领略到语言文字的丰富表现力，还可以感受到其中的情感和思想内涵，在不知不觉中增长智慧，接受美的熏陶。

经典是永恒的，与美图共享，将演绎出别样的精彩。精致的图画，呈现出多样的色彩和灵动的线条，在孩子们眼前铺展开一个童话般美丽、神话般奇妙的世界，以有限的画面给孩子无限的空间去放飞想象。许多年以后，也许他们仍然记得，曾经有一幅富有创意的图画、一种感人的色调，吸引过自己的视线，在自己心里埋下过一颗梦想的种子。

美妙、高贵、多彩的经典，与孩子纯真的天性如此契合。在愉快的阅读中，孩子们将变得快乐、聪明和高尚。爱孩子，就给孩子一个快乐的七彩童年吧！

目录

七彩童书坊

按图索骥

chūn qiū shí qī qín guó yǒu yī gè jiào sūn yáng de rén tā tè bié shàn cháng
春秋时期，秦国有一个叫孙阳的人，他特别擅长
xiàng mǎ néng yī yǎn kàn chū mǎ de yōu liè suǒ yǐ dà jiā dōu chēng tā wéi
相马，能一眼看出马的优劣。所以，大家都称他为
bó lè
“伯乐”。

sūn yáng xiě le yī běn xiàng mǎ
孙阳写了一本《相马
jīng lǐ miàn jì zǎi zhe tā bì shēng
经》，里面记载着他毕生
de xiàng mǎ jīng yàn tā de ér
的相马经验。他的儿
zi fēi cháng xiàn mù fù qīn zhè ge
子非常羡慕父亲这个
hǎo běn lǐng yě shú dú le zhè
好本领，也熟读了这
běn shū kě shì tā zī zhì
本书。可是，他资质
píng yōng jí shǐ shú dú le yě
平庸，即使熟读了也
méi yǒu zhēn zhèng lǐng wù dào xiàng mǎ
没有真正领悟到相马
de yào jué
的要诀。

yǒu yī tiān tā fēi cháng dé yì de duì fù qīn kuā kǒu dào wǒ yǐ jīng
有一天，他非常得意地对父亲夸口道：“我已经
zhī dào zěn me xiàng mǎ le shū zhōng shuō le qiān lǐ mǎ yǒu gāo gāo tū qǐ de é
知道怎么相马了。书中说了，千里马有高高凸起的额
tóu shǎn shǎn fā guāng de yǎn jing hé sì gè yòu cū yòu zhuàng de tí zi wǒ xiàn
头、闪闪发光的眼睛和四个又粗又壮的蹄子。我现
zài jiù qù zhǎo yī pǐ qiān lǐ mǎ lái
在就去找一匹千里马来。”

shuō wán tā biàn xìng chōng chōng de zǒu chū jiā mén zhǎo qiān lǐ mǎ qù le
说完，他便兴冲冲地走出家门找千里马去了。
zài lù shang tā fā xiàn le yī zhī lài há ma yā zhè bù zhèng shì qiān lǐ mǎ
在路上，他发现了一只癞蛤蟆。“呀，这不正是千里马
ma yǒu zhe gāo gāo de é tóu hé liàng shǎn shǎn de yǎn jing tā xīn xǐ de jiào
吗？有着高高的额头和亮闪闪的眼睛。”他欣喜地叫
hǎn dào jiù shì tí zi xiǎo le diǎn tā yòu zì wǒ ān wèi dào méi guān xi
喊道，“就是蹄子小了点。”他又自我安慰道：“没关系，
suī rán yǒu yī diǎnr chā bié yīng
虽然有一点儿差别，应
gāi yě suàn de shàng shì qiān lǐ mǎ
该也算得上是千里马。”

yú shì tā
于是，他
xìng gāo cǎi liè de
兴高采烈地
bǎ zhè zhī lài há ma zhuō
把这只癞蛤蟆捉
huí jiā yī huí jiā tā jiù
回家。一回家，他就
gǎn jǐn jiào chū fù qīn lái kàn
赶紧叫出父亲来看

zì jǐ zhǎo huí de qiān lǐ mǎ
自己找回的千里马。

sūn yáng yī kàn zhēn shì kū xiào bù dé tā yōu mò de duì ér zi shuō
孙阳一看，真是哭笑不得。他幽默地对儿子说：

nǐ zhǎo de zhè pǐ qiān lǐ mǎ tài xǐ huan tiào le qí bù liǎo ya jiē zhe tā
“你找的这匹千里马太喜欢跳了，骑不了呀！”接着他

yòu yǔ zhòng xīn cháng de duì ér zi shuō nǐ zhè yàng shēng bān yìng tào kě zhǎo bù dào
又语重心长地对儿子说：“你这样生搬硬套可找不到

zhēn zhèng de qiān lǐ mǎ ya
真正的千里马呀！”

成语中的道理

呆板地学习和做事，就可能会像伯乐的儿子一样闹出笑话来。我们一定要带着思考去学习！

拔苗助长

gǔ shí hou yǒu gè nóng fū tā měi tiān dōu yào qù tián li láo zuò zhí
古时候有个农夫，他每天都要去田里劳作，直
dào tài yáng xià shān cái huí jiā rì fù yī rì fēi cháng xīn kǔ
到太阳下山才回家，日复一日，非常辛苦。

zhè nóng fū shì gè jí xìng zi měi tiān huí jiā qián tā dōu yào liáng
这农夫是个急性子。每天回家前，他都要量
yī liáng yāng miáo yǒu méi yǒu zhǎng gāo kě shì jǐ tiān guò qù le yāng miáo
一量秧苗有没有长高。可是，几天过去了，秧苗
hái shi lǎo yàng zi
还是老样子。

yī tiān nóng fū zuò zài tián gěng shang xiū xi kàn jiàn bié rén jiā de
一天，农夫坐在田埂上休息。看见别人家的
yāng miáo dōu bǐ zì jiā de gāo tā xīn lǐ fēi
秧苗都比自家的高，他心里非
cháng zháo jí tā wàng zhe yāng miáo nǎo zi
常着急。他望着秧苗，脑子
li tū rán bèng chū le yī gè zhǔ yi tā
里突然蹦出了一个主意。他
zì yán zì yǔ dào yāng miáo zì jǐ zhǎng bù
自言自语道：“秧苗自己长不
kuài wǒ wèi shén me bù bāng
快，我为什么不帮
bāng tā men ne yú shì
帮它们呢？”于是，

成语中的道理

做事情要一步一步脚踏实地，如果急于求成的话，只会像这位拔苗助长的农夫一样，把事情弄得更糟。

tā kāi xīn de pǎo dào tián li bǎ měi yī kē yāng miáo dōu bá gāo le yī xiē
他开心地跑到田里，把每一棵秧苗都拔高了一些。
zhè yàng tā de yāng miáo biàn bǐ bié rén jiā de gāo le bù shǎo
这样，他的秧苗便比别人家的高了不少。

tài yáng luò shān le nóng fū qì chuǎn xū xū de huí dào jiā li xīng fèn
太阳落山了，农夫气喘吁吁地回到家里，兴奋
de duì ér zi shuō hēi wǒ jīn tiān kě zhēn shì
地对儿子说："嘿，我今天可真是
lèi huài le wǒ ràng yāng miáo yī xià zi jiù zhǎng
累坏了。我让秧苗一下子就长
gāo le hěn duō ne
高了很多呢。"

ér zi tīng le jué de hěn qí guài
儿子听了觉得很奇怪，
biàn jué dìng qù kàn yī kàn jié
便决定去看一看，结
guǒ fā xiàn yāng miáo quán
果发现秧苗全
dōu kū sǐ le
都枯死了。

班门弄斧

lǔ bān shì wǒ guó gǔ dài yǒu míng de néng gōng qiǎo jiàng tā zuò de jiā
鲁班是我国古代有名的能工巧匠，他做的家
jù jiàn de fáng wū dōu fēi cháng jīng měi mù jiàng men dōu fèng tā wéi zǔ shī
具、建的房屋都非常精美，木匠们都奉他为祖师。

yǒu yī tiān yǒu gè nián qīng de mù jiàng lái dào yī zuò
有一天，有个年轻的木匠来到一座
yǒu zhe piào liang hóng dà mén de fáng zi qián jǔ qǐ shǒu zhōng de
有着漂亮红大门的房子前，举起手中的
fǔ tóu xiàng páng biān de rén kuā kǒu dào bù guǎn shén me mù
斧头向旁边的人夸口道："不管什么木
cái zhǐ yào dào le wǒ shǒu li wǒ dōu néng yòng zhè bǎ fǔ
材，只要到了我手里，我都能用这把斧
tóu bǎ tā zuò chéng jīng měi wú bǐ de dōng xi
头把它做成精美无比的东西。"

páng biān de rén tīng le dōu jué de tā
旁边的人听了，都觉得他
zài chuī niú bù xiāng xìn tā zhēn yǒu zhè me lì
在吹牛，不相信他真有这么厉
hai jiù zhǐ zhe tā shēn hòu de
害，就指着他身后的
hóng dà mén shuō dào jì
红大门说道："既

rán nǐ zhè me lì hai nà nǐ kěn dìng néng zuò chū bǐ
然你这么厉害，那你肯定能做出比

zhè shàn mén gèng hǎo de mén lái ba
这扇门更好的门来吧！”

nián qīng de mù jiàng ào màn de shuō bù
年轻的木匠傲慢地说：“不

mán nǐ men shuō wǒ céng jīng bài lǔ bān wéi shī
瞒你们说，我曾经拜鲁班为师，

rú guǒ lián zhè me jiǎn dān de yī shàn mén dōu zào
如果连这么简单的一扇门都造

bù chū lái nà bù shì xiào hua ma
不出来，那不是笑话吗？”

zhòng rén tīng le dōu rěn bù zhù hā hā dà
众人听了，都忍不住哈哈大

xiào shuō nǐ shēn hòu de fáng zi zhèng shì lǔ bān de jiā zhè shàn mén jiù
笑，说：“你身后的房子正是鲁班的家，这扇门就

shì tā zuò de nán dào nǐ zuò chū de mén huì bǐ tā zuò de hái hǎo ma
是他做的，难道你做出的门会比他做的还好吗？”

nián qīng de mù jiàng tīng le fēi cháng bù hǎo yì si zhǐ hǎo huī liū
年轻的木匠听了，非常不好意思，只好灰溜

liū de pǎo diào le
溜地跑掉了。

虚心使人进步。有一点长处就自以为是，到处显摆，只会让别人笑话！

半途而废

dōng hàn shí qī yǒu gè jiào yuè yáng zǐ
东汉时期有个叫乐羊子
de dú shū rén tā de qī zi jì cōng míng
的读书人，他的妻子既聪明
yòu xián huì
又贤惠。

yī tiān yuè yáng zǐ duì qī zi shuō wǒ jué de wǒ dǒng de dōng xi
一天，乐羊子对妻子说：“我觉得我懂的东西
shí zài tài shǎo le zài hěn duō fāng miàn dōu bǐ bù shàng nǐ wǒ yīng gāi chū qù
实在太少了，在很多方面都比不上你，我应该出去
xué diǎn dōng xi cái xíng
学点东西才行。”

qī zi fēi cháng zàn tóng zhàng fu de xiǎng fǎ ràng tā bù yòng dān xīn jiā
妻子非常赞同丈夫的想法，让他不用担心家
li jǐn guǎn chū qù qiú xué yú shì yuè yáng zǐ qù le hěn yuǎn de dì fang
里，尽管出去求学。于是，乐羊子去了很远的地方
qiú xué
求学。

kě méi guò duō jiǔ yuè yáng zǐ tū rán jiù huí jiā le qī zi zhèng
可没过多久，乐羊子突然就回家了。妻子正
zài zhī bù jiàn tā huí lái jué de hěn qí guài jiù wèn nǐ zěn me
在织布，见他回来，觉得很奇怪，就问：“你怎么
zhè me kuài jiù huí lái le nán dào shū yǐ jīng dú wán le ma
这么快就回来了？难道书已经读完了吗？”

成语中的道理

做任何事情都要有坚持下去的决心，半途而废只会一无所获，还白白浪费前面的工夫！

yuè yáng zǐ shuō bù shì a wǒ hěn xiǎng jiā jiù huí lái kàn kàn
乐羊子说：“不是啊！我很想家，就回来看看。”

qī zi tīng le ná chū yī bǎ jiǎn dāo bǎ zhī le hǎo jǐ chǐ cháng
妻子听了，拿出一把剪刀，把织了好几尺长

de bù gěi jiǎn duàn le shuō wǒ yào huā hěn cháng shí jiān cái néng zhī chū yī
的布给剪断了，说：“我要花很长时间才能织出一

zhàng cháng de bù xiàn zài wǒ bǎ tā jiǎn duàn le qián miàn de gōng fu yě jiù
丈长的布。现在我把它剪断了，前面的工夫也就

bái fèi le dú shū hé zhī bù yī yàng bù néng bàn tú ér fèi a
白费了。读书和织布一样，不能半途而废啊！”

yuè yáng zǐ tīng le jué de qī zi de huà hěn yǒu dào lǐ biàn huí qù jì xù dú shū
乐羊子听了，觉得妻子的话很有道理，便回去继续读书。

杯弓蛇影

jìn cháo yǒu gè rén míng jiào yuè guǎng yī
晋朝有个人名叫乐广。一
tiān tā qǐng yī wèi péng you dào jiā li hē jiǔ
天，他请一位朋友到家里喝酒。
péng you duān qǐ jiǔ bēi shí fā xiàn bēi li jìng rán
朋友端起酒杯时，发现杯里竟然
yǒu yī tiáo xiǎo shé yòu bù hǎo yì si shuō chū lái zhǐ
有一条小蛇，又不好意思说出来，只
hǎo yìng zhe tóu pí bǎ jiǔ hē le xià qù hē wán yǐ hòu
好硬着头皮把酒喝了下去。喝完以后，
tā zǒng jué de yǒu yī tiáo xiǎo shé zài dù zi li rú dòng fēi cháng bù shū fu
他总觉得有一条小蛇在肚子里蠕动，非常不舒服。
huí dào jiā yǐ hòu tā jiù bìng dǎo le
回到家以后，他就病倒了。

yuè guǎng tīng shuō le péng you shēng bìng de xiāo xi jiù qù kàn wàng péng you
乐广听说了朋友生病的消息，就去看望朋友。
péng you zhī zhī wú wú de gào su tā nà tiān hē jiǔ shí bēi li yǒu tiáo
朋友支支吾吾地告诉他，那天喝酒时，杯里有条
xiǎo shé yuè guǎng tīng le jué de hěn bù kě sī yì jiù huí jiā zǐ xì
小蛇。乐广听了，觉得很不可思议，就回家仔细
chá kàn nà tiān hē jiǔ de dì fang
查看那天喝酒的地方。

yuán lái nà lǐ de qiáng bì shang guà zhe yī bǎ gōng yuè guǎng cāi xiǎng
原来，那里的墙壁上挂着一把弓，乐广猜想

成语中的道理

很多时候我们害怕一件事物，并不是因为它真的可怕，而是因为对它不了解。只有勇敢地找出真相，才能战胜自己内心的恐惧！

péng you jiǔ bēi li de shé qí shí shì gōng de yǐng zi
朋友酒杯里的蛇其实是弓的影子。

yuè guǎng zhī dào bēi zhōng xiǎo shé de mì mì hòu biàn yòu bǎ péng you qǐng dào jiā li lái fú tā zuò zài shàng cì zuò de nà ge dì fang péng you hěn jǐn zhāng duān qǐ jiǔ bēi yī kàn fā xiàn lǐ miàn yòu yǒu yī tiáo xiǎo shé
乐广知道杯中小蛇的秘密后，便又把朋友请到家里来，扶他坐在上次坐的那个地方。朋友很紧张，端起酒杯一看，发现里面又有一条小蛇！

zhè shí yuè guǎng zhǐ zhe qiáng shang de gōng duì tā shuō nǐ kàn zhè bēi li de shé bù guò shì gōng de yǐng zi bà le péng you nòng qīng le zhēn xiàng bù zài dān yōu bìng hěn kuài jiù hǎo le
这时，乐广指着墙上的弓对他说：“你看，这杯里的蛇，不过是弓的影子罢了。”朋友弄清了真相，不再担忧，病很快就好了。

程门立雪

yáng shí shì běi sòng shí qī de
杨时是北宋时期的
dà xué wen jiā hěn ài xué xí yě
大学问家，很爱学习，也
hěn zūn zhòng lǎo shī
很尊重老师。

yǒu yī cì yáng shí hé tóng
有一次，杨时和同
xué yóu zuò zài xué xí de shí hou yù
学游酢在学习的时候遇
dào yī gè nán tí liǎng rén tǎo lùn
到一个难题，两人讨论
le hěn jiǔ yě méi dé chū gè jié guǒ
了很久也没得出个结果
lái wèi le jǐn kuài jiāng wèn tí nòng
来。为了尽快将问题弄
qīng chu tā men jué dìng yī qǐ qù
清楚，他们决定一起去

qǐng jiào lǎo shī chéng yí
请教老师程颐。

liǎng rén lái dào lǎo shī jiā mén kǒu tòu guò mén fèng kàn jiàn lǎo shī zhèng pā
两人来到老师家门口，透过门缝看见老师正趴
zài zhuō zi shang shuì jiào yóu zuò zhèng xiǎng qiāo mén yáng shí máng lán zhù tā shuō
在桌子上睡觉。游酢正想敲门，杨时忙拦住他说：
lǎo shī zhèng zài xiū· xi wǒ men jiù zài mén kǒu děng yī huìr ba
“老师正在休息，我们就在门口等一会儿吧。”

yú shì liǎng rén jiù zhàn zài mén kǒu děng hòu bù yī huìr tiān kōng
于是，两人就站在门口等候。不一会儿，天空
piāo qǐ le dà xuě ér qiě xuě yuè xià yuè dà jǐn guǎn rú cǐ tā liǎ bìng
飘起了大雪，而且雪越下越大。尽管如此，他俩并
méi yǒu lí kāi yī rán gōng gōng jìng jìng de zhàn zài mén wài méi guò duō jiǔ
没有离开，依然恭恭敬敬地站在门外。没过多久，
tā men cóng tóu dào jiǎo dōu jī mǎn le xuě huā
他们从头到脚都积满了雪花。

chéng yí xǐng lái hòu dǎ kāi mén kàn dào mén qián jī xuě yǐ jīng yǒu
程颐醒来后，打开门，看到门前积雪已经有
yī chǐ shēn le ér yáng shí hé yóu zuò jiù zhàn zài mén kǒu chéng yí hěn jīng
一尺深了，而杨时和游酢就站在门口。程颐很惊
yà tóng shí yě bèi tā men de chéng xīn suǒ gǎn dòng
讶，同时也被他们的诚心所感动。

成语中的道理

老师不仅教给我们知识，还教会我们做人的道理。尊敬老师是每一个学生都应该做到的。

大材小用

dōng hàn mò nián chén liú zhè ge dì fang
东汉末年，陈留这个地方
yǒu yī gè jiào biān ràng de wén rén tā hěn yǒu
有一个叫边让的文人，他很有
cái néng míng shēng chuán de hěn yuǎn
才能，名声传得很远。

dà jiāng jūn hé jìn tīng shuō le biàn bǎ biān ràng zhāo
大将军何进听说了，便把边让招
lái fǔ zuǒ zì jǐ gāng kāi shǐ hé jìn hái bù tài qīng chu biān ràng de néng
来辅佐自己。刚开始，何进还不太清楚边让的能
lì yú shì zhǐ ràng tā zuò le yī gè xiǎo xiǎo de lìng shǐ
力，于是只让他做了一个小小的令史。

hé jìn shēn biān yǒu yī gè xìng cài de yì láng tā hé biān ràng yī qǐ
何进身边有一个姓蔡的议郎，他和边让一起
gōng zuò le yī duàn shí jiān jué de biān ràng què shí hěn yǒu cái néng zhǐ dāng
工作了一段时间，觉得边让确实很有才能，只当
xiǎo xiǎo de lìng shǐ wèi miǎn kě xī
小小的令史未免可惜。

yī cì cài yì láng wěi wǎn de duì hé jìn shuō jiāng jūn rú guǒ
一次，蔡议郎委婉地对何进说：“将军，如果
yòng zhǔ niú de dà guō lái zhǔ jī hěn nán bǎ jī zhǔ hǎo fàng shuǐ tài duō
用煮牛的大锅来煮鸡，很难把鸡煮好。放水太多
de huà zhǔ chū lái de tāng wèi dào jiù hěn dàn fàng shuǐ tài shǎo de huà shuǐ
的话，煮出来的汤味道就很淡；放水太少的话，水

成语中的道理

每个人的能力不同，适合的工作也不同。只有在适合自己的位置上，才能充分发挥各自的才能。

hěn kuài jiù huì zhǔ gān jī yě jiù bù róng yì zhǔ shú dà qì xiǎo yòng běn
很快就会煮干，鸡也就不容易煮熟。大器小用，本
lái jiù hěn bù hé shì yòng rén yě shì rú cǐ xī wàng jiāng jūn nín néng gěi
来就很不合适，用人也是如此。希望将军您能给
yǒu cái néng de rén yī zhǎn cái huá de jī huì
有才能的人一展才华的机会。”

hé jìn yī xià jiù míng bai le tā de yì si bù jiǔ biàn zhòng yòng le
何进一下就明白了他的意思，不久便重用了
biān ràng biān ràng dé yǐ chōng fèn shī zhǎn cái néng yě gěi le hé jìn hěn
边让。边让得以充分施展才能，也给了何进很
dà de bāng zhù
大的帮助。

得意扬扬

chūn qiū shí qī qí guó zǎi xiàng yàn zǐ suī shēn jū gāo wèi dàn xíng
　　春秋时期，齐国宰相晏子虽身居高位，但行
shì chén wěn shí fēn qiān xùn
事沉稳，十分谦逊。

yǒu yī tiān yàn zǐ chéng mǎ chē wài chū tā de chē fū zài qián miàn
　　有一天，晏子乘马车外出。他的车夫在前面
gǎn chē tóu gāo gāo de áng qǐ yī fù hěn liǎo bu qǐ de yàng zi chē
赶车，头高高地昂起，一副很了不起的样子。车
fū huí dào jiā li qī zi duì tā shuō wǒ dǎ suàn lí kāi nǐ chē fū
夫回到家里，妻子对他说：“我打算离开你！”车夫
dà chī yī jīng wèn dào wèi shén me
大吃一惊，问道：“为什么？”

qī zi huí dá zǎi xiàng yàn zǐ suī rán shēn cái ǎi xiǎo què xué shí yuān
　　妻子回答：“宰相晏子虽然身材矮小，却学识渊
bó míng yáng tiān xià tā zuò zài chē li qiān xū yǒu lǐ yī diǎnr dé yì
博，名扬天下。他坐在车里，谦虚有礼，一点儿得意

即使你有些地方比别人强，也不要自以为是。说话做事要谦和有礼，这样才能赢得别人的尊重。

de shén sè dōu méi yǒu ér nǐ shēn cái gāo dà què zhǐ shì zuò gè chē fū
的神色都没有。而你身材高大，却只是做个车夫，
hái dé yì yáng yáng bǎi chū yī fù hěn liǎo bu qǐ de yàng zi
还得意扬扬，摆出一副很了不起的样子。”

chē fū tīng le jué de hěn cán kuì nǐ shuō de duì wǒ yī dìng yào
车夫听了，觉得很惭愧：“你说得对，我一定要
gǎi diào zhè ge máo bìng cóng cǐ chē fū biàn de qiān xū jǐn shèn qǐ lái
改掉这个毛病。”从此，车夫变得谦虚谨慎起来。

yàn zǐ kàn dào chē fū biàn
晏子看到车夫变
huà zhè me dà fēi cháng xīn
化这么大，非常欣
wèi hòu lái hái tuī
慰，后来还推
jiàn tā zuò le qí
荐他做了齐
guó de dà fū
国的大夫。

东施效颦

chūn qiū shí qī yuè guó yǒu gè měi nǚ jiào xī shī tā de měi mào
春秋时期，越国有个美女叫西施，她的美貌
ràng rén jīng tàn kě xī tā shēn tǐ bù hǎo huàn yǒu xīn tòng bìng
让人惊叹。可惜她身体不好，患有心痛病。

yǒu yī tiān xī shī xǐ wán yī fu zhǔn bèi huí jiā huí jiā de lù
有一天，西施洗完衣服准备回家。回家的路
shang tā de lǎo máo bìng yòu fàn le zhǐ jiàn tā shǒu wǔ xiōng
上，她的老毛病又犯了。只见她手捂胸
kǒu zhòu zhe méi tóu yī fù hěn nán shòu de
口，皱着眉头，一副很难受的
yàng zi cūn mín men kàn dào hòu dōu bèi
样子。村民们看到后，都被
xī shī zhè zhǒng róu ruò de yàng zi xī yǐn
西施这种柔弱的样子吸引
de mù bù zhuǎn jīng jué de tā bǐ píng
得目不转睛，觉得她比平
shí gèng měi lì dòng rén le
时更美丽动人了。

tóng cūn yǒu gè jiào
同村有个叫

成语中的道理

不根据实际情况盲目地模仿别人，只会适得其反。其实每个人都有自己的长处，要学会欣赏自己。

dōng shī de chǒu gū niang tīng dào le cūn mín men duì xī shī de chēng zàn yě xī
东施的丑姑娘听到了村民们对西施的称赞，也希
wàng dé dào zhè yàng de kuā jiǎng yú shì tā xué zhe xī shī de yàng zi zhòu
望得到这样的夸奖。于是，她学着西施的样子，皱
zhe méi tóu wǔ zhe xiōng kǒu zài cūn zi li zǒu lái zǒu qù
着眉头、捂着胸口在村子里走来走去。

dōng shī běn shēn jiù zhǎng de nán kàn zài jiā shàng rú cǐ zhuāng mú zuò yàng
东施本身就长得难看，再加上如此装模作样，
jiù gèng jiā ràng rén yàn wù le cūn li de rén kàn dào dōng shī zǒu guò lái
就更加让人厌恶了。村里的人看到东施走过来，
jiǎn zhí jiù xiàng jiàn le wēn shén yī yàng yǒu de gǎn jǐn bǎ dà mén guān shàng
简直就像见了瘟神一样，有的赶紧把大门关上，
yǒu de zé jí máng lā zhe qī zi hé ér nǚ duǒ de yuǎn yuǎn de
有的则急忙拉着妻子和儿女躲得远远的。

zuì hòu dōng shī zhǐ hǎo xiū kuì de
最后，东施只好羞愧地
huí jiā qù le
回家去了。

对牛弹琴

gǔ shí hou yǒu gè jiào gōng míng yí de yīn yuè jiā tā de
古时候有个叫公明仪的音乐家，他的
qín tán de fēi cháng hǎo
琴弹得非常好。

yǒu yī tiān tiān qì hěn hǎo gōng míng yí dài zhe qín wài chū yóu wán
有一天天气很好，公明仪带着琴外出游玩。
tā lái dào yī gè qīng shān huán rào lǜ cǎo rú yīn de dì fang dùn shí lái le
他来到一个青山环绕、绿草如茵的地方，顿时来了
xìng zhì xiǎng hǎo hǎo de tán shàng yī qǔ kě shì zhè fù jìn zhǐ yǒu tā yī
兴致，想好好地弹上一曲。可是，这附近只有他一
gè rén tán gěi shéi tīng ne tū rán gōng míng yí kàn dào yuǎn chù yǒu jǐ tóu
个人，弹给谁听呢？突然，公明仪看到远处有几头
niú zài chī cǎo xīn xiǎng wǒ jiù tán gěi niú tīng ba yú shì tā zǒu dào
牛在吃草，心想：我就弹给牛听吧。于是，他走到
lí niú bù yuǎn de dì fang
离牛不远的地方，
fēi cháng tóu rù de tán
非常投入地弹
qǐ qín lái
起琴来。
yī qǔ tán wán
一曲弹完，

我们说话做事都要看对象，要不然就会像公明仪一样，白白浪费力气。

gōng míng yí kàn kàn niú fā xiàn niú yà gēnr méi yǒu lǐ cǎi tā hái shi jì xù dī zhe tóu chī cǎo
公明仪看看牛，发现牛压根儿没有理睬他，还是继续低着头吃草。

tā bù gān xīn biàn yòu tán le yī shǒu zì jǐ zuì ná shǒu de qǔ zi jié guǒ nà jǐ tóu niú hái shi háo wú fǎn yìng réng jiù zhǐ gù zhe chī cǎo
他不甘心，便又弹了一首自己最拿手的曲子，结果那几头牛还是毫无反应，仍旧只顾着吃草。

gōng míng yí shēng qì le rěn bù zhù chòng zhe niú dà jiào qǐ lái wǒ tán de zhè me hǎo nǐ men zěn me yī diǎnr fǎn yìng dōu méi yǒu
公明仪生气了，忍不住冲着牛大叫起来：“我弹得这么好，你们怎么一点儿反应都没有？”

zhè shí niú de zhǔ rén tīng dào le gōng míng yí de bào yuàn shuō bù guǎn nǐ tán de duō hǎo tīng niú dōu tīng bù dǒng a
这时，牛的主人听到了公明仪的抱怨，说：“不管你弹得多好听，牛都听不懂啊！”

对症下药

东汉时期有个很有名气的医学家叫华佗。他的医术十分高明，几乎没有他治不好的病。

有一次，州官倪寻、李延两个人一起找华佗看病，都说自己头疼发烧。华佗听了两人的话后，没有马上开药方，而是仔细地给他们诊了脉，又认真地看了他们的舌苔，才对他们说：“倪寻需要吃些泻药，李延只需要用点发汗的药就可以了。”

两人听了都觉得很奇怪，问道：“我们的症状是一样的，为什么吃的药却不同呢？”

成语中的道理

吃对药才能治好病，解决问题也一样。只有针对具体问题采取有效的措施，才能取得良好的效果。

huà tuó huí dá shuō　nǐ liǎ de bìng cóng biǎo miàn shang kàn hǎo xiàng chà bu
华佗回答说：“你俩的病从表面上看好像差不
duō　dàn shì jīng guò gāng cái de zhěn duàn　wǒ fā xiàn shí zhì shì bù yī yàng
多，但是经过刚才的诊断，我发现实质是不一样
de　ní xún de bìng shì yóu cháng wèi jī shí yǐn qǐ de　lǐ yán de bìng zé
的。倪寻的病是由肠胃积食引起的，李延的病则
shì yóu gǎn rǎn fēng hán yǐn qǐ de　bìng yīn bù yī yàng　chī de
是由感染风寒引起的。病因不一样，吃的
yào zì rán jiù bù tóng le
药自然就不同了。”

liǎng rén tīng le huà tuó de jiě shì　dōu hěn pèi
两人听了华佗的解释，都很佩
fú　chī le yào yǐ
服。吃了药以
hòu　liǎng rén de bìng
后，两人的病
guǒ rán hěn kuài jiù
果然很快就
hǎo le
好了。

负荆请罪

zhàn guó shí qī zhào guó de dà chén lìn xiàng rú yīn wèi lì le dà gōng
战国时期，赵国的大臣蔺相如因为立了大功，
bèi zhào wáng fēng wéi shàng qīng guān zhí bǐ dà jiāng jūn lián pō hái yào gāo
被赵王封为上卿，官职比大将军廉颇还要高。

lián pō hěn bù fú qì xīn xiǎng tā bù guò shì dòng dòng zuǐ pí zi
廉颇很不服气，心想：他不过是动动嘴皮子，
zěn me néng hé wǒ zhè ge wèi guó jiā chū shēng rù sǐ de gōng chén xiāng bǐ ne
怎么能和我这个为国家出生入死的功臣相比呢？
yīn cǐ lián pō yáng yán rú guǒ yù jiàn lìn xiàng rú yī dìng yào dāng miàn xiū
因此，廉颇扬言，如果遇见蔺相如，一定要当面羞
rǔ tā yī fān
辱他一番。

lìn xiàng rú tīng shuō hòu biàn chù chù
蔺相如听说后，便处处
huí bì lián pō měi cì yuǎn yuǎn de kàn dào
回避廉颇。每次远远地看到
lián pō de mǎ chē tā jiù ràng zì jǐ de
廉颇的马车，他就让自己的
chē fū gǎi zǒu bié de lù
车夫改走别的路。

lìn xiàng rú de shǒu xià bù lǐ jiě zhǔ
蔺相如的手下不理解主
rén wèi hé rú cǐ hài pà lián pō lìn xiàng
人为何如此害怕廉颇。蔺相

做错事情就要勇敢地承认。只有知错就改，真心地道歉，别人才会原谅你。

rú wèn tā men nǐ men jué de qín wáng lì hai hái shi lián jiāng jūn lì hai
如问他们：“你们觉得秦王厉害，还是廉将军厉害？”

shǒu xià huí dá dāng rán shì qín wáng lì hai
手下回答：“当然是秦王厉害。”

lìn xiàng rú shuō wǒ lián qín wáng dōu bù pà nán dào huì pà lián jiāng jūn yào zhī dào qín guó zhī suǒ yǐ bù gǎn qīn lüè wǒ guó jiù shì yīn wèi wǒ men dà chén tuán jié yī xīn rú guǒ wǒ hé lián jiāng jūn bù hé jiù huì gěi qín guó kě chéng zhī jī dào shí guó jiā jiù wēi xiǎn le
蔺相如说：“我连秦王都不怕，难道会怕廉将军？要知道，秦国之所以不敢侵略我国，就是因为我们大臣团结一心。如果我和廉将军不和，就会给秦国可乘之机，到时国家就危险了！”

zhè huà chuán dào le lián pō de ěr duo li lián pō jué de fēi cháng cán kuì biàn guāng zhe bǎng zi bēi zhe jīng tiáo qù xiàng lìn xiàng rú rèn cuò
这话传到了廉颇的耳朵里，廉颇觉得非常惭愧，便光着膀子、背着荆条，去向蔺相如认错。

感恩图报

chūn qiū shí qī wú guó jiāng jūn wǔ zǐ xū dài lǐng jūn duì qù gōng dǎ
春秋时期，吴国将军伍子胥带领军队去攻打
zhèng guó zhèng wáng dà jīng bù zhī rú hé shì hǎo
郑国。郑王大惊，不知如何是好。

zhèng guó yǒu gè yú fū zhī dào hòu zì gào fèn yǒng qù quàn shuō wǔ zǐ
郑国有个渔夫知道后，自告奋勇去劝说伍子
xū chè bīng tā ná zhe yī zhī chuán jiǎng lái dào wú guó jūn yíng jiàn dào le
胥撤兵。他拿着一支船桨来到吴国军营，见到了
wǔ zǐ xū wǔ zǐ xū qí guài de wèn nián qīng rén nǐ shì shéi ya
伍子胥。伍子胥奇怪地问：“年轻人，你是谁呀？”

yú fū jǔ qǐ shǒu zhōng de chuán jiǎng shuō nín hái jì de zhè zhī chuán
渔夫举起手中的船桨，说：“您还记得这支船
jiǎng ma dāng chū wǒ fù qīn céng yòng tā jiù guo nín a
桨吗？当初，我父亲曾用它救过您啊！”

wǔ zǐ xū huǎng rán dà wù dào yǐ qián wǒ táo nàn shí yǒu gè bǔ yú de
伍子胥恍然大悟道：“以前我逃难时，有个捕鱼的
rén jiù le wǒ yuán lái nǐ shì tā de ér zi a nǐ lái zhè lǐ yǒu shì ma
人救了我。原来你是他的儿子啊！你来这里有事吗？”

yú fū shuō běn lái wǒ bǔ yú mài yú rì zi guò de tǐng hé měi
渔夫说：“本来我捕鱼卖鱼，日子过得挺和美
de kě shì nǐ men wú guó yào lái gōng dǎ wǒ men zhèng guó zhèng guó jiù luàn
的。可是你们吴国要来攻打我们郑国，郑国就乱

tào le wǔ jiāng jūn yào shi nín hái jì de wǒ fù qīn duì nín de bāng zhù
套了！伍将军，要是您还记得我父亲对您的帮助，
xī wàng nín kàn zài wǒ fù qīn de fèn shang bù yào gōng dǎ wǒ men zhèng guó le
希望您看在我父亲的分上，不要攻打我们郑国了。”

wǔ zǐ xū jī dòng de shuō duō kuī nǐ fù qīn jiù le wǒ wǒ cái
伍子胥激动地说：“多亏你父亲救了我，我才
néng dāng shàng dà jiāng jūn zhè ge ēn qíng wǒ yī dìng yào bào dá shuō wán
能当上大将军，这个恩情我一定要报答。”说完，
wǔ zǐ xū mìng lìng shǒu xià lì kè chè bīng
伍子胥命令手下立刻撤兵。

yú shì zhèng guó bǎi xìng yòu guò shàng le hé píng ān dìng de shēng huó wǔ
于是，郑国百姓又过上了和平安定的生活，伍
zǐ xū gǎn ēn tú bào de gù shi yě zài zhèng guó chuán wéi jiā huà
子胥感恩图报的故事也在郑国传为佳话。

别人在你困难时帮助过你，你要常怀感恩之心。当别人碰到困难时，你也要热情相助，把爱心传递出去。

高山流水

chūn qiū shí qī chǔ guó yǒu gè rén jiào bó yá tā de qín yì gāo chāo
春秋时期，楚国有个人叫伯牙，他的琴艺高超。
yī tiān tā chéng chuán dào yī gè dì fang yóu wán nà lǐ qīng shān lián
一天，他乘船到一个地方游玩。那里青山连
mián bù duàn xiǎo niǎo qīng cuì de míng jiào shān quán dīng dōng de liú tǎng tā líng
绵不断，小鸟清脆地鸣叫，山泉叮咚地流淌。他灵
gǎn dà fā biàn tán qín zì yú dāng tā qīng qīng fǔ dòng qín xián shí yōu yáng
感大发，便弹琴自娱。当他轻轻抚动琴弦时，悠扬
de qín shēng biàn cóng tā de zhǐ jiān rú xī shuǐ bān liú chū
的琴声便从他的指间如溪水般流出。

zhèng tán zhe hū tīng jiàn àn shang yǒu rén pāi shǒu jiào jué bó yá zǒu
正弹着，忽听见岸上有人拍手叫绝。伯牙走
chū chuán cāng lái zhǐ jiàn yī gè qiáo fū zhàn zài àn biān bó yá biàn yāo qǐng tā
出船舱来，只见一个樵夫站在岸边，伯牙便邀请他
dào chuán shang lái jiāo tán
到船上来交谈。

zhè qiáo fū míng jiào zhōng zǐ qī tā shuō wǒ fǎng fú kàn dào le yī
这樵夫名叫钟子期，他说：“我仿佛看到了一
zuò zuò qīng shān tīng dào le quán shuǐ de dīng dōng shēng bó yá tīng le jī
座座青山，听到了泉水的叮咚声。”伯牙听了，激
dòng de shuō nǐ zhēn shì wǒ de zhī yīn a
动地说：“你真是我的知音啊！”

yú shì liǎng rén yuē dìng dì èr nián de zhōng qiū zài dào zhè lǐ xiāng huì
于是，两人约定第二年的中秋再到这里相会。

成语中的道理

知心朋友是我们最宝贵的财富，拥有几个知心朋友是特别幸福的事情，我们要好好珍惜身边的朋友。

dào le dì èr nián xiāng huì de rì zi zhōng zǐ qī bìng méi yǒu dào yuán lái
到了第二年相会的日子，钟子期并没有到。原来，
tā yǐ jīng qù shì le
他已经去世了。

bó yá zhī dào hòu fēi cháng shāng xīn dài zhe qín lái dào zhōng zǐ qī de
伯牙知道后非常伤心，带着琴来到钟子期的
mù qián bēi shāng de shuō wǒ wéi yī de zhī yīn yǐ
墓前，悲伤地说：“我唯一的知音已
bù zài shì shàng zhè qín hái tán gěi shéi tīng ne
不在世上，这琴还弹给谁听呢？”
shuō wán bǎ qín shuāi le
说完，把琴摔了
gè fěn suì
个粉碎。

刮目相看

sān guó shí qī wú guó yǒu gè dà jiāng jūn jiào lǚ méng tā fēi cháng
三国时期，吴国有个大将军叫吕蒙。他非常
yīng yǒng lì xià le hěn duō zhàn gōng dàn shì tā méi yǒu shén me xué wen
英勇，立下了很多战功。但是，他没有什么学问，
shì gè dà lǎo cū
是个大老粗。

yǒu yī tiān wú guó guó jūn sūn quán quàn tā shuō nǐ
有一天，吴国国君孙权劝他说：“你
xiàn zài shì dà jiāng jūn le yào hǎo hǎo de dú shū duō xué xiē
现在是大将军了，要好好地读书，多学些
zhī shi cái xíng a
知识才行啊！”

lǚ méng bù xǐ huan xué xí jiù zhǎo jiè kǒu
吕蒙不喜欢学习，就找借口
shuō wǒ xiàn zài yào dài bīng dǎ zhàng nǎ yǒu shí
说：“我现在要带兵打仗，哪有时
jiān dú shū a
间读书啊？”

sūn quán shuō　wǒ zhè ge dāng guó jūn de bǐ
孙权说："我这个当国君的比
nǐ máng duō le　dàn wǒ réng rán huì chōu chū shí jiān
你忙多了，但我仍然会抽出时间
lái dú shū　duō dú shū　kě yǐ zēng zhǎng jiàn shi
来读书。多读书，可以增长见识，
xué xí bié rén de jīng yàn　yǐ nǐ de cōng huì
学习别人的经验。以你的聪慧，
yī dìng huì xué yǒu suǒ huò de
一定会学有所获的。"

lǚ méng tīng le sūn quán de quàn gào　xià jué xīn rèn zhēn dú shū　cǐ hòu
吕蒙听了孙权的劝告，下决心认真读书。此后
tā měi tiān dōu jiān chí xué xí　rì fù yī rì　xué shí zēng zhǎng le bù shǎo
他每天都坚持学习，日复一日，学识增长了不少。

yǒu yī tiān　dà chén lǔ sù hé lǚ méng yī qǐ tǎo lùn guó jiā dà shì
有一天，大臣鲁肃和吕蒙一起讨论国家大事。
lǔ sù jiàn lǚ méng fēn xī de hěn yǒu dào lǐ　jué de hěn jīng yà　jiù shuō
鲁肃见吕蒙分析得很有道理，觉得很惊讶，就说：
nǐ de biàn huà hěn dà a　yǐ jīng bù shì yuán lái de nà ge lǚ méng le
"你的变化很大啊，已经不是原来的那个吕蒙了！"

lǚ méng tīng le　xiào zhe shuō　fēn bié le yī duàn shí jiān　jiù yīng
吕蒙听了，笑着说："分别了一段时间，就应
gāi huàn zhǒng yǎn guāng kàn rén　nǐ zěn me hái yòng lǎo yǎn guāng kàn wǒ ne
该换种眼光看人。你怎么还用老眼光看我呢？"

每个人都是在点滴进步中成长的。只有下定决心，坚持不懈，你才能学到更多的知识，使自己变得更加优秀。

邯郸学步

yān guó yǒu gè nián qīng rén hěn bù mǎn yì zì jǐ zǒu lù de yàng zi
燕国有个年轻人很不满意自己走路的样子。
tā tīng shuō zhào guó hán dān rén de zǒu lù zī shì fēi cháng yōu měi jiù jué dìng
他听说赵国邯郸人的走路姿势非常优美，就决定
qù hán dān xué xí zǒu lù
去邯郸学习走路。

tā lái dào hán dān fā xiàn nà lǐ de rén suī rán zǒu lù de zī shì
他来到邯郸，发现那里的人虽然走路的姿势
gè bù xiāng tóng dàn shì dōu hěn hǎo kàn yú shì tā jiù zài hán dān zhù
各不相同，但是都很好看。于是，他就在邯郸住
xià le
下了。

měi tiān yī dà zǎo tā jiù lái dào chéng li zuì rè nao de dì fang kàn
每天一大早，他就来到城里最热闹的地方看

成语中的道理

学习时，盲目地模仿是学不到东西的。只有边学习，边思考，才能学有所得！

bié rén zǒu lù tā yī huìr kàn jiàn zhè ge rén zǒu lù hěn hǎo
别人走路。他一会儿看见这个人走路很好
kàn jiù gēn zài hòu miàn xué yī huìr yòu fā xiàn lìng yī gè rén
看，就跟在后面学；一会儿又发现另一个人
zǒu lù de zī shì gèng hǎo kàn jiù pǎo dào nà ge rén de shēn hòu
走路的姿势更好看，就跑到那个人的身后
xué jiù zhè yàng tā měi tiān cóng zǎo dào wǎn gēn zhe bù tóng
学……就这样，他每天从早到晚，跟着不同
de rén xué xí zǒu lù
的人学习走路。

zuì hòu yīn wèi xué de tài zá zhè ge
最后，因为学得太杂，这个
nián qīng rén bù dàn méi yǒu xué huì hán dān rén zǒu
年轻人不但没有学会邯郸人走
lù de zī shì lián zì jǐ yuán lái shì zěn yàng
路的姿势，连自己原来是怎样
zǒu lù de yě wàng le zhè shí tā de qián huā
走路的也忘了。这时，他的钱花
guāng le ér qiě yòu bù huì zǒu lù zhǐ hǎo pá
光了，而且又不会走路，只好爬
zhe huí jiā le
着回家了。

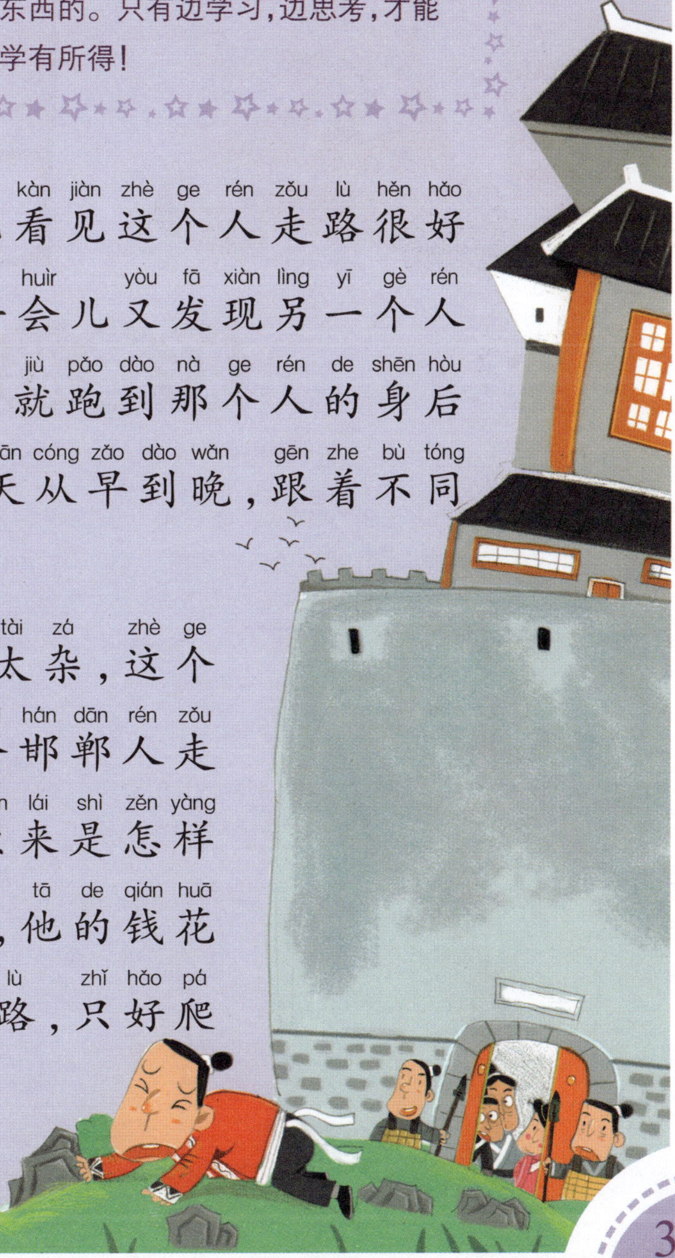

好逸恶劳

dōng hàn shí qī yǒu gè yī shù gāo míng de tài yī jiào guō yù
东汉时期有个医术高明的太医叫郭玉。

guō yù wéi rén rén yì hòu dao jīng cháng gěi qióng kǔ rén zhì bìng bìng qiě
郭玉为人仁义厚道，经常给穷苦人治病，并且
zǒng shì néng yào dào bìng chú dàn shì guō yù gěi dá guān guì rén zhì bìng què
总是能药到病除。但是郭玉给达官贵人治病，却
cháng cháng bù jiàn xiào yǒu xiē quán guì rèn wéi guō yù shì gù yì bù gěi tā
常常不见效。有些权贵认为郭玉是故意不给他
men hǎo hǎo zhì bìng biàn dào huáng dì nàr gào zhuàng
们好好治病，便到皇帝那儿告状。

huáng dì zhī dào hòu yě rèn wéi guō yù shì cún xīn bù gěi dá guān guì
皇帝知道后，也认为郭玉是存心不给达官贵
rén hǎo hǎo zhì bìng yú shì bǎ guō yù jiào lái dāng miàn zé wèn tā
人好好治病，于是把郭玉叫来，当面责问他。

guō yù huí dá shuō nà xiē quán guì tān tú ān yì chī de hěn duō
郭玉回答说：“那些权贵贪图安逸，吃得很多

成语中的道理

懒惰是人成功路上最大的敌人，它不仅会损害我们的身体，还会拖我们学习和生活的后腿。所以，我们一定要打败懒惰。

què bù ài láo dòng shēn tǐ dǐ zi dōu hěn chà wǒ biàn bù néng yòng zú gòu jì
却不爱劳动，身体底子都很差，我便不能用足够剂
liàng de yào zài jiā shàng tā men hěn ào màn zǒng rèn wéi zì jǐ de kàn fǎ
量的药。再加上他们很傲慢，总认为自己的看法
shì zhèng què de gēn běn bù tīng wǒ de huà bù yuàn yì pèi hé zhì liáo dòng
是正确的，根本不听我的话，不愿意配合治疗，动
bu dòng jiù duì wǒ fā pí qi ràng wǒ bù néng quán shén guàn zhù de gěi tā men
不动就对我发脾气，让我不能全神贯注地给他们
zhì bìng nín shuō zhè yàng tā men de bìng zěn me néng zhì hǎo ne
治病。您说这样他们的病怎么能治好呢？”

huáng dì tīng wán guō yù de yī fān huà jué de tā shuō de yǒu dào lǐ
皇帝听完郭玉的一番话，觉得他说得有道理，
jiù bù zài guài zuì tā le
就不再怪罪他了。

囫囵吞枣

cóng qián yǒu
从前，有
yī gè nián qīng rén
一个年轻人，
tā yī biān zǒu yī biān chī zhe lí
他一边走一边吃着梨。

zhè shí hou yíng miàn zǒu guò lái yī wèi lǎo rén kàn dào nián qīng rén
这时候，迎面走过来一位老人。看到年轻人
dà kǒu de chī zhe lí tā rěn bù zhù shuō nián qīng rén a lí kě bù
大口地吃着梨，他忍不住说：“年轻人啊，梨可不
yí chī de tài duō suī rán tā duì yá chǐ yǒu hǎo chù dàn shì chī duō le
宜吃得太多。虽然它对牙齿有好处，但是吃多了
duì pí wèi bù hǎo
对脾胃不好。”

nián qīng rén tīng le lián máng cóng kǒu dai li tāo chū jǐ kē zǎo wèn
年轻人听了，连忙从口袋里掏出几颗枣，问
lǎo rén nà chī zǎo zěn me yàng ne duì shēn tǐ hǎo bù hǎo
老人：“那吃枣怎么样呢？对身体好不好？”

lǎo rén huí dá zǎo dào shì yǒu bǔ pí de gōng xiào dàn shì chī duō
老人回答：“枣倒是有补脾的功效，但是吃多
le huì shāng yá chǐ
了会伤牙齿。”

nián qīng rén tīng le xiǎng le yī huìr biàn méi kāi yǎn xiào le
年轻人听了，想了一会儿，便眉开眼笑了。

成语中的道理

吃东西时不加咀嚼，不仅难以消化，还有可能会噎住。学习时如果只是简单地接受，不加思考，最终什么也学不到。

tā duì lǎo rén shuō wǒ yǒu bàn fǎ le wǒ chī lí de shí hou
他对老人说：“我有办法了。我吃梨的时候，
zhǐ zài zuǐ li jiáo yī jiáo bù yàn dào dù zi li qù chī zǎo de shí hou
只在嘴里嚼一嚼，不咽到肚子里去；吃枣的时候，
bù yòng yá chǐ yǎo bǎ zǎo zhěng kē tūn xià qù zhè yàng jiù kě yǐ jì bù
不用牙齿咬，把枣整颗吞下去。这样就可以既不
shāng pí wèi yòu bù huài yá chǐ le shuō wán tā bǎ zǎo fàng jìn zuǐ li
伤脾胃，又不坏牙齿了。”说完，他把枣放进嘴里，
yī kǒu tūn le xià qù jié guǒ bèi yē zhù le
一口吞了下去，结果被噎住了。

狐假虎威

zài mào mì de sēn lín li lǎo hǔ shì zuì xiōng měng de yě
在茂密的森林里，老虎是最凶猛的野
shòu hào chēng sēn lín zhī wáng suǒ yǒu de dòng wù dōu hài pà tā
兽，号称森林之王，所有的动物都害怕它。

yǒu yī tiān lǎo hǔ zài sēn lín li mì shí pèng jiàn le yī zhī hú
有一天，老虎在森林里觅食，碰见了一只狐
li hú li gāng xiǎng liū zǒu jiù bèi lǎo hǔ yī bǎ zhuō zhù hú li jiàn
狸。狐狸刚想溜走，就被老虎一把捉住。狐狸见
zì jǐ wú fǎ táo tuō jiù shuǎ le yī gè huā zhāo tā yī běn zhèng jīng de
自己无法逃脱，就耍了一个花招。它一本正经地
chì zé lǎo hǔ nǐ zěn me gǎn chī wǒ wǒ kě shì shàng tiān pài lái guǎn lǐ
斥责老虎：“你怎么敢吃我？我可是上天派来管理
suǒ yǒu dòng wù de nǐ yào shi chī le wǒ jiù shì wéi kàng tiān dì de mìng
所有动物的，你要是吃了我，就是违抗天帝的命
lìng lǎo hǔ tīng le bìng bù xiāng xìn
令。”老虎听了，并不相信。

hú li jiē zhe shuō nǐ yào shi bù xìn jiù gēn zài wǒ hòu miàn zǒu
狐狸接着说：“你要是不信，就跟在我后面走
yī tàng kàn kàn shì bù shì suǒ yǒu de dòng wù jiàn le wǒ dōu gǎn kuài táo mìng
一趟，看看是不是所有的动物见了我都赶快逃命。”

lǎo hǔ jiàn hú li shuō de shà yǒu jiè shì tài dù yě hěn qiáng yìng jiù
老虎见狐狸说得煞有介事，态度也很强硬，就

成语中的道理

狐狸假借老虎的威严暂时骗到了老虎，但是时间长了终究会被老虎识破的。那样的话，后果会非常严重。所以，我们还是要有真才实学才行。

yǒu jǐ fēn xiāng xìn le juē dìng gēn zhe hú li qù kàn kàn
有几分相信了，决定跟着狐狸去看看。

yí lù shang dà dà xiǎo xiǎo de dòng wù kàn jiàn hú li dà yáo dà bǎi
一路上，大大小小的动物看见狐狸大摇大摆

de zǒu guò lái hòu miàn gēn zhe yì zhī wēi měng de dà lǎo hǔ dōu xià de sì
地走过来，后面跟着一只威猛的大老虎，都吓得四

sàn bēn táo
散奔逃。

lǎo hǔ kàn dào hòu yǐ wéi tā men zhēn shì bèi hú li de wēi fēng xià
老虎看到后，以为它们真是被狐狸的威风吓

pǎo de biàn xiāng xìn le hú li de huà tā pà tiān dì pài lái
跑的，便相信了狐狸的话。它怕天帝派来

de hú li guài zuì zì jǐ yú shì yě huāng máng táo zǒu
的狐狸怪罪自己，于是也慌忙逃走

le qí shí tā bù zhī dào dòng wù
了。其实它不知道，动物

men pà de shì zǒu zài hú li hòu
们怕的是走在狐狸后

miàn de zì jǐ ya
面的自己呀！

华而不实

chūn qiū shí qī jìn guó dà fū yáng chǔ fǔ chū shǐ
春秋时期，晋国大夫阳处父出使
bié guó huí lái shí zài yī jiā kè diàn li zhù le yī wǎn
别国，回来时在一家客店里住了一晚。
diàn zhǔ jiàn yáng chǔ fǔ xiàng mào táng táng jǔ zhǐ bù fán shí fēn qīn
店主见阳处父相貌堂堂、举止不凡，十分钦
pèi biàn qiāo qiāo duì qī zi shuō wǒ zǎo jiù xiǎng tóu bèn yī wèi yǒu xué shí
佩，便悄悄对妻子说：“我早就想投奔一位有学识
de rén kě shì zhè me duō nián lái yī zhí méi zhǎo dào yī gè hé yì de
的人，可是这么多年来一直没找到一个合意的。
wǒ kàn jīn tiān lái de yáng chǔ fǔ bù cuò wǒ jué dìng zhuī suí tā zài zhēng
我看今天来的阳处父不错，我决定追随他。”在征
dé yáng chǔ fǔ de tóng yì hòu diàn zhǔ
得阳处父的同意后，店主
biàn cí bié qī zi hé yáng chǔ fǔ jié
便辞别妻子，和阳处父结
bàn tóng xíng
伴同行。
yī lù shang yáng chǔ
一路上，阳处
fǔ dōng lā xī chě kuā kuā
父东拉西扯，夸夸
qí tán diàn zhǔ
其谈。店主

yī biān zǒu yī biān tīng méi
一边走，一边听。没
guò duō jiǔ diàn zhǔ jiù gǎi
过多久，店主就改
biàn zhǔ yi hé yáng chǔ fǔ fēn
变主意，和阳处父分
shǒu le
手了。

qī zi jiàn zhàng fu tū rán zhé huí jué de
妻子见丈夫突然折回，觉得
hěn qí guài jiù wèn tā nǐ hǎo bù róng yì yù dào zhè
很奇怪，就问他：“你好不容易遇到这
me gè rén yīng gāi duō hé tā xiāng chǔ yí duàn shí jiān zěn me zhè me kuài jiù
么个人，应该多和他相处一段时间，怎么这么快就
huí lái le ne
回来了呢？”

diàn zhǔ jiě shì dào yáng chǔ fǔ shì gè biǎo miàn shang hěn yǒu xué wen
店主解释道：“阳处父是个表面上很有学问，
shí jì fù zhōng kōng kōng de rén wǒ pà gēn tā yì qǐ bù dàn méi yǒu shōu
实际腹中空空的人。我怕跟他一起，不但没有收
huò fǎn dào zāo shòu huò hai suǒ yǐ hái shi huí lái de hǎo
获，反倒遭受祸害，所以还是回来的好。”

成语中的道理

虚有其表、胸无点墨的人往往得不到他人的尊重。我们要勤奋学习，努力地充实自己，这样才能得到他人的尊重。

画龙点睛

liáng dài yǒu yī gè huà jiā míng jiào zhāng sēng yóu tā de huà gōng fēi cháng jīng zhàn
梁代有一个画家名叫张僧繇，他的画功非常精湛。

yǒu yī tiān tā zài yī suǒ fó sì de qiáng bì shang huà le sì tiáo lóng zhè sì tiáo lóng jiǎn zhí gēn zhēn de yī yàng bù guò dōu méi yǒu yǎn jing
有一天，他在一所佛寺的墙壁上画了四条龙。这四条龙简直跟真的一样，不过都没有眼睛。

dà jiā kàn le dōu jué de qí guài jiù wèn zhāng sēng yóu wèi shén me bù gěi zhè xiē lóng huà shàng yǎn jing ne zhāng sēng yóu rèn zhēn de huí dá huà
大家看了都觉得奇怪，就问张僧繇："为什么不给这些龙画上眼睛呢？"张僧繇认真地回答："画

shàng yǎn jing hòu
上眼睛后，
lóng huì fēi zǒu de
龙会飞走的。”
kě shéi dōu bù xiāng xìn
可谁都不相信。
zhāng sēng yóu
张僧繇
méi yǒu bàn fǎ zhǐ
没有办法，只
hǎo ná qǐ bǐ gěi qí zhōng de
好拿起笔，给其中的
liǎng tiáo lóng huà shàng le yǎn jing
两条龙画上了眼睛。
méi xiǎng dào gāng huà wán tiān kōng jiù wū yún
没想到刚画完，天空就乌云
mì bù diàn shǎn léi míng huà shàng yǎn jing de liǎng
密布，电闪雷鸣，画上眼睛的两
tiáo lóng zhèn pò qiáng bì yī fēi chōng tiān zhǐ shèng xià méi
条龙震破墙壁一飞冲天，只剩下没
yǒu diǎn shàng yǎn jing de liǎng tiáo lóng hái liú zài qiáng shang
有点上眼睛的两条龙还留在墙上。
zhè shí dà jiā rěn bù zhù jīng tàn dào zhēn shì shén le
这时，大家忍不住惊叹道：“真是神了！”

成语中的道理

我们说话、写文章或画画的时候，在关键的地方恰到好处地添上一两句话，或添上一两笔，就能够让内容更加生动传神。

画蛇添足

cóng qián chǔ guó yǒu gè guì zú
从前楚国有个贵族，
tā jì sì wán zǔ xiān hòu hái shèng xià
他祭祀完祖先后还剩下
yī hú jiǔ jiù bǎ tā shǎng gěi le jǐ
一壶酒，就把它赏给了几
gè qián lái bāng máng de mén kè
个前来帮忙的门客。

yī hú jiǔ zěn me gòu nà me duō rén hē ne yǒu rén tí yì bǐ
一壶酒怎么够那么多人喝呢？有人提议比
sài huà shé shéi xiān huà hǎo shéi jiù kě yǐ hē zhè hú jiǔ
赛画蛇，谁先画好，谁就可以喝这壶酒。

zhòng rén tīng le dōu pāi shǒu zàn chéng yú shì tā men zhǎo lái shù zhī
众人听了都拍手赞成。于是，他们找来树枝，
fēn fēn guì zài dì shang huà qǐ shé lái
纷纷跪在地上画起蛇来。

yǒu gè rén hěn kuài jiù huà hǎo le shé biàn bǎ nà hú jiǔ ná le guò
有个人很快就画好了蛇，便把那壶酒拿了过
lái dāng kàn dào qí tā rén dōu hái méi huà wán shí tā dé yì de xiǎng bù
来。当看到其他人都还没画完时，他得意地想：不
rú chèn zhè ge jī huì zhǎn shì yī xià wǒ gāo chāo de huì huà jì qiǎo ba
如趁这个机会展示一下我高超的绘画技巧吧。
yú shì tā jué dìng gěi shé tiān shàng sì zhī jiǎo
于是，他决定给蛇添上四只脚。

成语中的道理

做任何事情都要实事求是，如果自作聪明，做了多余的事，反而会把事情搞砸。

shéi zhī dào tā hái méi huà wán jiǎo lìng yī gè rén jiù huà hǎo le shé
谁知道他还没画完脚，另一个人就画好了蛇，
nà ge rén cóng tā shǒu zhōng yī bǎ qiǎng guò jiǔ hú tā hěn bù fú qì shuō
那个人从他手中一把抢过酒壶。他很不服气，说
dào shì wǒ zuì xiān bǎ shé huà wán de zhè jiǔ yīng gāi guī wǒ
道：“是我最先把蛇画完的，这酒应该归我！”

qiǎng jiǔ hú de rén shuō shé nǎ lǐ yǒu jiǎo ne
抢酒壶的人说：“蛇哪里有脚呢？
nǐ huà de gēn běn jiù bù shì shé shuō wán yī yǎng bó
你画的根本就不是蛇！”说完，一仰脖
zi bǎ jiǔ hē le gè jīng guāng
子把酒喝了个精光。

讳疾忌医

biǎn què shì gǔ dài de yī wèi míng yī yī tiān tā qù bài jiàn cài
扁鹊是古代的一位名医。一天，他去拜见蔡
huán gōng shí zǐ xì guān chá le cài huán gōng yī huìr shuō nín shēng bìng
桓公时，仔细观察了蔡桓公一会儿，说：“您生病
le bù guò hái hǎo bìng de bǐ jiào qīng dàn rú guǒ bù zǎo diǎn yī zhì de
了，不过还好，病得比较轻。但如果不早点医治的
huà bìng jiù huì jiā zhòng de
话，病就会加重的。”

cài huán gōng tīng le shuō wǒ shēn tǐ hěn hǎo méi yǒu bìng
蔡桓公听了，说：“我身体很好，没有病！”

guò le shí tiān biǎn què yòu qù jiàn cài huán gōng duì tā shuō nín de
过了十天，扁鹊又去见蔡桓公，对他说：“您的
bìng jiā zhòng le děi zhuā jǐn zhì liáo a cài huán gōng hái shi bù xìn
病加重了，得抓紧治疗啊。”蔡桓公还是不信。

yòu guò le shí tiān biǎn què zài yī cì lái kàn cài huán gōng bìng shuō nín
又过了十天，扁鹊再一次来看蔡桓公，并说：“您
de bìng yǐ jīng hěn
的病已经很
yán zhòng le zài
严重了，再
bù yī zhì de huà huì
不医治的话，会
yǒu shēng mìng wēi xiǎn
有生命危险！”

cài huán gōng fēi cháng shēng qì ràng dào nǐ
蔡桓公非常生气，嚷道："你
jiǎn zhí zài hú shuō bā dào
简直在胡说八道！"

yòu guò le shí tiān biǎn què jiàn dào cài huán
又过了十天，扁鹊见到蔡桓
gōng hòu zhuǎn shēn jiù pǎo cài huán gōng jué de hěn
公后转身就跑。蔡桓公觉得很
qí guài jiù mìng rén qù xún wèn yuán yīn
奇怪，就命人去询问原因。

biǎn què shuō dāng chū tā de bìng hái bù
扁鹊说："当初他的病还不
shì hěn yán zhòng de shí hou wǒ hái kě yǐ yī zhì
是很严重的时候我还可以医治，
dàn xiàn zài tā de bìng yǐ jīng shēn rù dào gǔ suí
但现在他的病已经深入到骨髓，
wǒ yě méi yǒu bàn fǎ le
我也没有办法了。"

guǒ rán wǔ tiān hòu cài huán gōng kāi shǐ hún shēn téng tòng tā lián máng
果然，五天后蔡桓公开始浑身疼痛。他连忙
pài rén qù zhǎo biǎn què dàn biǎn què yǐ jīng táo zǒu le méi guò duō jiǔ cài
派人去找扁鹊，但扁鹊已经逃走了。没过多久，蔡
huán gōng jiù bìng sǐ le
桓公就病死了。

成语中的道理

得了病而不及时治疗，会拖出大病来。知道自己的缺点，却不去改正，只会让缺点越来越严重。

嗟来之食

cóng qián qí guó fā shēng
从前，齐国发生
le yī cháng dà jī huang hěn duō
了一场大饥荒，很多
rén è sǐ le jī mín men wèi
人饿死了。饥民们为
le shēng cún zhǐ hǎo dào chù
了生存，只好到处
liú làng qǐ tǎo
流浪乞讨。

dāng shí yǒu gè jiào qián áo de fù rén bǎ zuò hǎo de wō tóu bǎi zài
当时有个叫黔敖的富人，把做好的窝头摆在
lù biān shī shě gěi guò wǎng de jī mín men
路边，施舍给过往的饥民们。

měi dāng guò lái yī gè jī mín qián áo jiù diū guò qù yī gè wō tóu
每当过来一个饥民，黔敖就丢过去一个窝头，
ào màn de shuō wèi lái chī ba yǒu shí hou guò lái yī qún jī mín
傲慢地说："喂，来吃吧！"有时候过来一群饥民，
tā biàn diū chū qù hǎo jǐ gè wō tóu ràng tā men hù xiāng zhēng qiǎng
他便丢出去好几个窝头，让他们互相争抢。

yī tiān yī gè jī mín zǒu dào qián áo miàn qián kàn zhe nà rè qì téng
一天，一个饥民走到黔敖面前，看着那热气腾
téng de wō tóu bù shuō huà qián áo kàn tā hěn xū ruò de yàng zi jiù ná
腾的窝头不说话。黔敖看他很虚弱的样子，就拿

成语中的道理

每个人都是有尊严的。在和人交往时要学会尊重别人，这样才能得到别人的尊重。

le liǎng gè wō tóu gāo ào de duì tā shuō wèi lái chī ba
了两个窝头，高傲地对他说：“喂，来吃吧！”

nà ge rén tīng le bìng méi yǒu shēn shǒu qù jiē ér shì dèng dà yǎn jing
那个人听了，并没有伸手去接，而是瞪大眼睛

kàn zhe qián áo shuō wǒ jiù shì yīn wèi bù yuàn yì
看着黔敖，说：“我就是因为不愿意

chī zhè zhǒng jiē lái zhī shí cái è chéng xiàn zài zhè ge
吃这种嗟来之食，才饿成现在这个

yàng zi de
样子的！”

qián áo wàn wàn méi yǒu liào dào è de
黔敖万万没有料到，饿得

zhàn dōu zhàn bù wěn de jī mín jìng rán rú cǐ
站都站不稳的饥民竟然如此

yǒu gǔ qì dùn shí mǎn miàn
有骨气，顿时满面

xiū kuì shuō bù
羞愧，说不

chū huà lái
出话来。

金石为开

yǒu gè jiào xióng qú zǐ de chǔ guó rén tā cóng xiǎo jiù hěn xǐ huan shè jiàn
有个叫熊渠子的楚国人，他从小就很喜欢射箭。

gāng kāi shǐ yīn wèi shè jiàn de lì qi bù gòu suǒ yǐ tā tiān tiān liàn
刚开始，因为射箭的力气不够，所以他天天练

bì lì guò le yī duàn shí jiān tā de gē bo yǒu lì qi le shè chū qù de
臂力。过了一段时间，他的胳膊有力气了，射出去的

jiàn yě bù zài qīng piāo piāo de le dàn shì tā yòu zǒng shè bù zhòng bǎ xīn
箭也不再轻飘飘的了，但是他又总射不中靶心。

wèi le tí gāo mìng zhòng lǜ tā tiān tiān qín liàn yǎn lì yòu guò le
为了提高命中率，他天天勤练眼力。又过了

xiē rì zi tā de shè jiàn jì shù yǒu le
些日子，他的射箭技术有了

hěn dà de jìn bù dàn tā bìng bù mǎn zú
很大的进步。但他并不满足，

réng rán kè kǔ liàn xí
仍然刻苦练习。

yǒu yī tiān yè lǐ liàn
有一天夜里，练

wán jiàn hòu de xióng qú zǐ dú zì
完箭后的熊渠子独自

yán zhe shān lù zǒu huí jiā
沿着山路走回家。

成语中的道理

熊渠子能把箭射进石头里，是因为他射箭的时候有着坚定的信念！有时候，感人的诚心和坚定的信念会让人有奇迹般的收获。

tū rán tā qián miàn bù yuǎn chù chū xiàn le yī zhī dà lǎo
突然，他前面不远处出现了一只大老
hǔ xióng qú zǐ lì kè lā kāi gōng sōu de yī jiàn
虎。熊渠子立刻拉开弓，“嗖”的一箭
shè xiàng lǎo hǔ
射向老虎。

kě shì guò le hěn jiǔ xióng qú zǐ yě méi tīng
可是，过了很久熊渠子也没听
jiàn lǎo hǔ yǒu dòng jing tā gǎn dào hěn qí guài
见老虎有动静。他感到很奇怪，
xiǎng mò fēi méi yǒu shè zhòng
想：莫非没有射中？

yú shì tā biàn zǒu shàng qián qù kàn gè jiū jìng
于是，他便走上前去看个究竟。
yuán lái zì jǐ shè zhòng de bìng bù shì lǎo hǔ ér shì
原来，自己射中的并不是老虎，而是
yī kuài dà yán shí gāng cái shè chū de nà zhī jiàn
一块大岩石。刚才射出的那支箭，
yǐ jīng shēn shēn de xiàn jìn le jiān yìng de yán shí li
已经深深地陷进了坚硬的岩石里。

惊弓之鸟

cóng qián yǒu yī gè rén jiào gēng léi tā de shè jiàn jì shù fēi cháng gāo
从前有一个人叫更羸，他的射箭技术非常高

chāo yǒu yī tiān tā péi tóng wèi wáng dào jiāo wài yóu wán hū rán tā men
超。有一天，他陪同魏王到郊外游玩。忽然，他们

tīng dào yī zhèn dà yàn de jiào shēng tái tóu yī kàn yuán lái shì yī qún dà yàn
听到一阵大雁的叫声，抬头一看，原来是一群大雁

zhèng pái chéng yī pái fēi guò tiān kōng
正排成一排飞过天空。

wèi wáng wèn gēng léi nǐ néng shè xià yī zhī dà yàn ma
魏王问更羸：“你能射下一只大雁吗？”

gēng léi huí dá wǒ bù yòng fàng jiàn zhǐ yào
更羸回答：“我不用放箭，只要

lā yī xià gōng
拉一下弓，

jiù néng shè xià pái
就能射下排

zài duì wu zuì
在队伍最

hòu de nà zhī
后的那只

dà yàn
大雁。”

shuō wán gēng léi yòng lì
说完，更羸用力

lā le yī xià gōng xián zhǐ tīng jiàn
拉了一下弓弦，只听见

wēng de yī shēng xiǎng duì wěi de nà zhī dà yàn guǒ rán diào le
“嗡”的一声响，队尾的那只大雁果然掉了

xià lái
下来。

wèi wáng jīng dāi le wèn nǐ shì rú hé zuò dào de
魏王惊呆了，问：“你是如何做到的？”

gēng léi huí dá zhè zhī dà yàn fēi zài zuì hòu miàn yī zhí zài āi
更羸回答：“这只大雁飞在最后面，一直在哀

míng yóu cǐ wǒ tuī duàn tā yī dìng shòu guo jiàn shāng ér qiě hái méi yǒu quán
鸣，由此我推断它一定受过箭伤，而且还没有痊

yù dāng tīng dào gōng xián de xiǎng shēng hòu tā hài pà zài cì bèi shè zhòng jiù
愈。当听到弓弦的响声后，它害怕再次被射中，就

pīn mìng wǎng gāo chù fēi jié guǒ tā yī shǐ jìnr fǎn ér shǐ shāng kǒu liè kāi
拼命往高处飞。结果它一使劲儿反而使伤口裂开，

téng tòng nán rěn biàn pāi bù dòng chì bǎng cóng tiān shàng diào le xià lái
疼痛难忍，便拍不动翅膀从天上掉了下来。”

wèi wáng tīng le duì gēng léi de shè jiàn jì shù gèng jiā pèi fú le
魏王听了，对更羸的射箭技术更加佩服了。

鸟儿被箭射到过，所以一听到弓弦的响声便被吓得慌了手脚。遇到事情要沉着冷静，这样才能想出对策。

井底之蛙

cóng qián yǒu yī zhī xiǎo qīng wā yī zhí
从前，有一只小青蛙一直
zhù zài shuǐ jǐng zhōng gēn běn bù zhī dào wài miàn
住在水井中，根本不知道外面
de shì jiè shì shén me yàng zi de
的世界是什么样子的。

yī tiān yī zhī cóng dōng hǎi lái de hǎi
一天，一只从东海来的海
guī lù guò tā kàn dào jǐng dǐ de qīng wā
龟路过。它看到井底的青蛙，
biàn wèn nǐ zhěng tiān shēng huó zài zhè ge xiǎo
便问：“你整天生活在这个小
dì fang bù huì jué de méi yì si ma
地方，不会觉得没意思吗？”

qīng wā huí dá shuō wǒ dú zì zhàn
青蛙回答说：“我独自占
lǐng zhè piàn shuǐ wā xiǎng tiào jiù tiào lèi le
领这片水洼，想跳就跳，累了
jiù dào jǐng bì shí dòng li xiū xi hǎo xìng fú
就到井壁石洞里休息，好幸福
a nǐ yě lái hé wǒ yī qǐ xiǎng shòu ba
啊！你也来和我一起享受吧！”

hǎi guī shēn cháng bó zi kàn le kàn
海龟伸长脖子，看了看

成语中的道理

青蛙目光短浅是因为它常年生活在井底。不想成为井底之蛙的话，就应该多接触新事物，不断学习新知识，开拓自己的眼界。

jǐng dǐ jué de jǐng shí zài tài xiǎo le biàn shuō zhè lǐ tài xiǎo le gēn
井底，觉得井实在太小了，便说：“这里太小了，根
běn méi fǎ hé dà hǎi xiāng bǐ
本没法和大海相比！”

qīng wā tīng le hěn bù gāo xìng shuō dà hǎi yǒu shén me liǎo bu qǐ
青蛙听了很不高兴，说：“大海有什么了不起？
huì bǐ wǒ zhè jǐng hái hǎo ma wǒ kě bù xiāng xìn
会比我这井还好吗？我可不相信！”

hǎi guī huí dá dào dà hǎi ya tā de cháng dù chāo guò yī qiān lǐ
海龟回答道：“大海呀，它的长度超过一千里，
shēn dù chāo guò yī qiān zhàng fā hóng shuǐ de shí hou yě kàn bù chū hǎi shuǐ
深度超过一千丈。发洪水的时候，也看不出海水
zài shēng gāo jiù suàn gān hàn bù xià yǔ hǎi
在升高；就算干旱不下雨，海
shuǐ yě bù huì biàn shǎo zhù zài
水也不会变少。住在
nà lǐ cái jiào zhēn zhèng de
那里才叫真正的
zì yóu zì zài ne
自由自在呢！”

刻舟求剑

yǒu yī gè chǔ guó rén chū mén yuǎn xíng zài chéng chuán guò jiāng de shí hou
有一个楚国人出门远行，在乘船过江的时候，
bù xiǎo xīn bǎ suí shēn pèi dài de jiàn diào jìn le jiāng li
不小心把随身佩带的剑掉进了江里。

chuán shang de rén tí xǐng tā gǎn kuài xià shuǐ lāo jiàn tā què bù huāng bù
船上的人提醒他赶快下水捞剑，他却不慌不
máng de tāo chū yī bǎ xiǎo dāo zài chuán xián shang kè le gè jì hao rán hòu huí
忙地掏出一把小刀在船舷上刻了个记号，然后回
tóu duì dà jiā shuō zhè shì wǒ de jiàn diào xià qù de dì fang zhòng rén
头对大家说：“这是我的剑掉下去的地方。”众人
wàng zhe nà ge jì hao dōu bù míng bai tā wèi shén me zhè me zuò
望着那个记号，都不明白他为什么这么做。

yǒu rén jì xù cuī cù tā kuài xià shuǐ qù zhǎo jiàn ya
有人继续催促他：“快下水去找剑呀！”

chǔ guó rén shuō huāng shén me wǒ yǒu jì hao ne
楚国人说：“慌什么，我有记号呢。”

chuán jì xù qián xíng yòu yǒu rén
船继续前行，又有人
cuī tā shuō zhè chuán yuè zǒu yuè yuǎn
催他说：“这船越走越远，
zài bù xià qù zhǎo jiàn kě jiù zhǎo
再不下去找剑，可就找
bù huí lái le
不回来了。”

chǔ guó rén zì xìn de shuō bù yòng
楚国人自信地说：“不用
jí jì hao kè zài nàr ne
急，记号刻在那儿呢。”

jiù zhè yàng zhí zhì chuán tíng kào àn biān hòu zhè ge chǔ guó rén cái cóng
就这样，直至船停靠岸边后，这个楚国人才从
kè yǒu jì hao de dì fang xià shuǐ qù zhǎo jiàn kě shì tā lāo le bàn tiān
刻有记号的地方下水去找剑。可是他捞了半天，
shén me yě méi lāo dào
什么也没捞到。

chuán shang de rén dà xiào dào chuán yī zhí zài xíng jìn chuán xián shang de
船上的人大笑道：“船一直在行进，船舷上的
jì hao yě yī zhí zài xíng jìn ér nǐ de jiàn què zài shuǐ dǐ bù dòng nǐ shuō
记号也一直在行进，而你的剑却在水底不动，你说
nǐ zěn me lāo de dào tā ne nǐ yě tài hú tu le ba
你怎么捞得到它呢？你也太糊涂了吧！”

成语中的道理

世界上的事物总是在不断地发展变化。我们想问题、办事情也要考虑到这种变化，灵活处理才行。

空中楼阁

zài hěn jiǔ yǐ qián shān cūn li yǒu yī wèi fēi cháng fù yǒu de cái zhu
在很久以前，山村里有一位非常富有的财主，
tā shēng xìng yú dùn cháng cháng nào chū xiào hua
他生性愚钝，常常闹出笑话。

yī tiān shǎ cái zhu dào lín cūn de yī wèi cái zhu jiā zuò kè tā
一天，傻财主到邻村的一位财主家做客。他
kàn dào yī zhuàng sān céng lóu gāo de xīn wū kuān chang míng liàng xīn lǐ fēi cháng xiàn
看到一幢三层楼高的新屋宽敞明亮，心里非常羡
mù yú shì tā yī huí dào jiā jiù pài rén bǎ gōng jiàng zhǎo lái shuō nǐ
慕。于是，他一回到家就派人把工匠找来，说：“你
men zhào lín cūn nà zhuàng sān céng lóu fáng de yàng zi gěi wǒ yě gài yī zhuàng yī
们照邻村那幢三层楼房的样子，给我也盖一幢一
mú yī yàng de
模一样的。”

gōng jiàng men àn zhào cái zhu de fēn fù gè zì máng kāi le
工匠们按照财主的吩咐，各自忙开了。

yī tiān shǎ cái zhu lái dào gōng dì dōng chǒu chǒu xī qiáo qiáo xīn lǐ shí fēn
一天，傻财主来到工地，东瞅瞅，西瞧瞧，心里十分

nà mèn biàn wèn zhèng zài dǎ dì jī
纳闷，便问正在打地基

de gōng jiàng nǐ men zhè shì zài gàn shén me
的工匠："你们这是在干什么？"

gōng jiàng huí dá shuō zào yī zhuàng sān céng lóu gāo de wū zi ya
工匠回答说："造一幢三层楼高的屋子呀！"

bù duì bù duì wǒ yào nǐ men zào de shì nà dì sān céng lóu de
"不对，不对！我要你们造的是那第三层楼的

wū zi wǒ zhǐ yào zuì shàng miàn de nà céng xià miàn liǎng céng wǒ bù yào
屋子。我只要最上面的那层，下面两层我不要。"

gōng jiàng men tīng hòu hā hā dà xiào shuō zhǐ yào zuì shàng miàn nà céng
工匠们听后哈哈大笑，说："只要最上面那层

de huà wǒ men kě bù huì zào shuō wán tā men biàn shōu shi hǎo gōng jù
的话，我们可不会造！"说完，他们便收拾好工具，

tóu yě bù huí de zǒu le zhǐ liú xià shǎ cái zhu wàng zhe dì jī fā lèng
头也不回地走了，只留下傻财主望着地基发愣。

许多美好的东西都是一点一滴积累而成的。我们做事情不能凭空想象，而是要脚踏实地，一步一个脚印。

滥竽充数

zhàn guó shí qī qí xuān wáng tè
战国时期，齐宣王特
bié xǐ huan tīng chuī yú biàn zài gōng tíng
别喜欢听吹竽，便在宫廷
li zǔ jiàn le yī zhī yóu sān bǎi rén zǔ
里组建了一支由三百人组
chéng de dà yuè duì měi tiān ràng zhè xiē rén yī qǐ chuī yú gěi tā tīng
成的大乐队，每天让这些人一起吹竽给他听。

dāng shí yǒu gè nán guō xiān sheng tā gēn běn bù huì chuī yú dàn tīng shuō
当时有个南郭先生，他根本不会吹竽，但听说
zài gōng tíng li dāng yuè shī néng xiǎng shòu yōu hòu de dài yù jiù xiǎng bàn fǎ hùn
在宫廷里当乐师能享受优厚的待遇，就想办法混
jìn le yuè duì zài sān bǎi rén de yuè duì zhōng zhuāng mú zuò yàng de chuī yú
进了乐队，在三百人的乐队中装模作样地吹竽。

gāng kāi shǐ shí tā hái hěn dān xīn bèi bié rén fā xiàn zì jǐ bù huì
刚开始时，他还很担心被别人发现自己不会
chuī yú suǒ yǐ měi cì biǎo yǎn dōu shí fēn xiǎo xīn dàn shí jiān yī cháng tā
吹竽，所以每次表演都十分小心。但时间一长，他
fā xiàn zì jǐ de dān xīn shì duō yú de yīn wèi měi cì biǎo yǎn dōu shì hé
发现自己的担心是多余的，因为每次表演都是合
zòu yú shì tā jiù fàng xīn dà dǎn de jì xù hùn xià qù měi cì yǎn
奏。于是，他就放心大胆地继续混下去。每次演
zòu shí tā dōu zhuāng chū yī fù hěn zài háng de yàng zi bì zhe yǎn jing huàng
奏时，他都装出一副很在行的样子，闭着眼睛，晃

成语中的道理

像南郭先生这样的人虽能蒙混一时，却无法蒙混一世。没有真才实学是经不住时间的考验，终究会露出马脚的。

zhe nǎo dai xiǎn de bǐ rèn hé rén dōu tóu rù
着脑袋，显得比任何人都投入。

qí xuān wáng qù shì hòu tā de ér zi qí
齐宣王去世后，他的儿子齐

mǐn wáng jí wèi qí mǐn wáng yě hěn ài tīng chuī yú
湣王即位。齐湣王也很爱听吹竽，

bù guò tā rèn wéi hé zòu tài chǎo bù rú dú zòu
不过他认为合奏太吵，不如独奏

hǎo tīng yú shì tā ràng yuè shī men lún liú chuī
好听。于是，他让乐师们轮流吹

yú gěi tā tīng
竽给他听。

nán guō xiān sheng jiàn méi bàn fǎ zài hùn
南郭先生见没办法再混

xià qù zhǐ néng qiāo qiāo de liū zǒu le
下去，只能悄悄地溜走了。

老马识途

chūn qiū shí qī qí guó de zǎi
春秋时期，齐国的宰
xiàng guǎn zhòng gēn suí qí huán gōng yī qǐ
相管仲跟随齐桓公一起
gōng dǎ gū zhú guó cóng chūn tiān dào
攻打孤竹国。从春天到
dōng tiān zhàn zhēng chí xù le jiāng jìn
冬天，战争持续了将近
yī nián cái jié shù qí guó jūn duì zhōng
一年才结束，齐国军队终
yú tà shàng le huí guó de zhēng tú
于踏上了回国的征途。

dàn shì jīng guò yī zuò dà shān
但是，经过一座大山
de shí hou tā men mí lù le tā
的时候，他们迷路了。他
men lái de shí hou shì huā hóng cǎo
们来的时候是花红草
lǜ de chūn tiān xiàn zài què yǐ jīng
绿的春天，现在却已经
shì dōng tiān le ér qiě yòu xià
是冬天了，而且又下
qǐ le dà xuě bǎ shān lù
起了大雪，把山路

quán dōu fù gài zhù le qí jūn gēn běn fēn bù qīng fāng xiàng zhǎo bù dào huí
全都覆盖住了。齐军根本分不清方向，找不到回
qù de lù jiù zhè yàng qí jūn yī lián bèi kùn le hǎo jǐ tiān rú guǒ zài
去的路。就这样，齐军一连被困了好几天，如果再
zhǎo bù dào chū lù dà jūn jiù huì bèi kùn sǐ zài shān li
找不到出路，大军就会被困死在山里。

guǎn zhòng shuō zhǎo jǐ pǐ lǎo mǎ lái lǎo mǎ yě xǔ néng dài lǐng wǒ
管仲说："找几匹老马来，老马也许能带领我
men huí qù
们回去。"

shì bīng hěn kuài qiān lái le jǐ pǐ lǎo mǎ guǎn zhòng biàn jiāng zhè jǐ pǐ
士兵很快牵来了几匹老马，管仲便将这几匹
mǎ de jiāng shéng jiě kāi ràng tā men zì yóu de zài qián miàn zǒu jūn duì jiù
马的缰绳解开，让它们自由地在前面走，军队就
gēn zài tā men hòu miàn
跟在它们后面。

lǎo mǎ guǒ rán zài fēng xuě zhōng màn màn biàn rèn chū le huí qù de lù
老马果然在风雪中慢慢辨认出了回去的路，
zuì hòu bǎ qí guó de jūn duì ān quán de dài chū le dà shān
最后把齐国的军队安全地带出了大山。

shì hòu qí huán gōng shuō duō kuī le zhè xiē lǎo mǎ shì tā men jiù
事后，齐桓公说："多亏了这些老马，是它们救
le wǒ men a
了我们啊！"

年纪比我们大的人，经历了很多事情，知识和经验都比我们丰富，我们要虚心地向他们学习、请教。

量体裁衣

míng cháo yǒu wèi míng qi hěn dà de lǎo cái feng tā cái zhì de yī fu
明朝有位名气很大的老裁缝，他裁制的衣服
cháng duǎn féi shòu wú bù hé tǐ suǒ yǐ zhǎo tā zuò yī fu de rén hěn duō
长短肥瘦无不合体，所以找他做衣服的人很多。

yù shǐ dà fū tīng shuō le tā de míng qi biàn jué dìng qù qǐng tā cái
御史大夫听说了他的名气，便决定去请他裁
zhì yī jiàn cháo fú lái dào lǎo cái feng jiā lǎo cái feng shǒu xiān wèi tā liáng
制一件朝服。来到老裁缝家，老裁缝首先为他量
le liáng chǐ cùn liáng wán zhī hòu lǎo cái feng wèn dào qǐng wèn nín dāng guān
了量尺寸。量完之后，老裁缝问道：“请问您当官
dāng le duō shao nián le
当了多少年了？”

yù shǐ dà fū hào qí de wèn zuò yī fu zěn me hái yào wèn zhè xiē
御史大夫好奇地问：“做衣服怎么还要问这些？
wǒ gāng gāng shàng rèn bù jiǔ
我刚刚上任不久。”

lǎo cái feng huí dá dào nà nín de yī fu yī dìng yào zuò de qián
老裁缝回答道：“那您的衣服一定要做得前
cháng hòu duǎn cái xíng
长后短才行。”

成语中的道理

遇到问题时，我们要根据具体情况采取不同的解决方法，这样才能更快、更好地解决问题。

yù shǐ dà fū jué de hěn qí guài biàn wèn rú guǒ zhè yàng zuò
御史大夫觉得很奇怪，便问："如果这样做，
yī fu qǐ bù shì qián hòu bù yī yàng cháng zhè hái zěn me chuān a
衣服岂不是前后不一样长，这还怎么穿啊？"

lǎo cái feng huí dá dào shàng rèn méi duō jiǔ de guān yuán dà duō yì
老裁缝回答道："上任没多久的官员，大多意
qì fēng fā zǒu lù tái tóu tǐng xiōng suǒ yǐ yī fu yào zuò de qián cháng hòu
气风发，走路抬头挺胸，所以衣服要做得前长后
duǎn dāng guān duō nián de guān yuán jīng lì duō le zhī hòu wǎng wǎng
短；当官多年的官员，经历多了之后，往往
huì xīn tài píng hé zǒu lù yě bù xiàng zhī qián nà yàng suǒ
会心态平和，走路也不像之前那样，所
yǐ yī fu jiù yào zuò de qián hòu yī yàng cháng
以衣服就要做得前后一样长。"

yù shǐ dà fū tīng le jué de hěn
御史大夫听了觉得很
yǒu dào lǐ hòu lái yī fu zuò hǎo le
有道理。后来，衣服做好了，
tā chuān shàng hòu fā xiàn guǒ rán
他穿上后发现果然
fēi cháng hé shēn
非常合身。

买椟还珠

cóng qián chǔ guó yǒu yī gè zhū bǎo shāng rén
从前，楚国有一个珠宝商人，
tā yǒu hěn duō zhū bǎo qí zhōng de yī kē dà zhēn zhū tè bié zhēn guì
他有很多珠宝，其中的一颗大珍珠特别珍贵。

shāng rén hěn xǐ huan zhè kē zhēn zhū xī wàng néng mài gè hǎo jià qián
商人很喜欢这颗珍珠，希望能卖个好价钱，
jiù tè dì qǐng rén zuò le yī gè zhū bǎo hé zi lái cún fàng zhēn zhū
就特地请人做了一个珠宝盒子来存放珍珠。

zhè ge hé zi yòng shàng děng mù liào zuò chéng sàn fā zhe dú tè de xiāng
这个盒子用上等木料做成，散发着独特的香
wèi hé zi shàng miàn xiāng qiàn le yī xiē yù shí hái diāo kè le xǔ duō huā
味。盒子上面镶嵌了一些玉石，还雕刻了许多花
wén fēi cháng jīng zhì
纹，非常精致。

shāng rén xiǎo xīn de bǎ zhēn zhū fàng jìn zhè ge hé zi li ná dào jí
商人小心地把珍珠放进这个盒子里，拿到集
shì shang qù mài zhè jīng měi de hé zi hé míng guì de zhēn zhū shí fēn bān pèi
市上去卖。这精美的盒子和名贵的珍珠十分般配，
xī yǐn le hěn duō rén de mù guāng
吸引了很多人的目光。

yī gè yǒu qián de gōng zǐ chū le hěn gāo de jià qián bǎ zhè hé zhēn zhū
一个有钱的公子出了很高的价钱把这盒珍珠
mǎi le xià lái tā duì hé zi ài bù shì shǒu què bǎ zhēn zhū huán gěi le
买了下来。他对盒子爱不释手，却把珍珠还给了

成语中的道理

我们可不能像买椟还珠的人那样，只注重事物的外表，看不清事物的本质。只有看清事物的本质，分清主次，才能取舍得当。

shāng rén
商人。

shāng rén jué de hěn qí guài wèn dào gōng zǐ zhè shì shàng děng de
商人觉得很奇怪，问道：“公子，这是上等的

zhēn zhū nín zěn me bù yào ne gōng zǐ yáo zhe tóu huí dá
珍珠，您怎么不要呢？”公子摇着头回答：

wǒ xǐ huan de shì zhè ge piào liang de hé zi bù shì zhēn zhū
“我喜欢的是这个漂亮的盒子，不是珍珠。”

shāng rén zhè cái míng bai yuán lái zhè ge gōng
商人这才明白，原来这个公

zǐ zhǐ kàn wài biǎo gēn běn jiù bù shí huò
子只看外表，根本就不识货。

盲人摸象

yǒu yī tiān yìn dù guó wáng zài wài miàn yóu wán shí yù dào le yī qún
有一天，印度国王在外面游玩时遇到了一群
máng rén guó wáng wèn tā men nǐ men zhī dào dà xiàng shì shén me yàng zi de
盲人。国王问他们：“你们知道大象是什么样子的
ma máng rén men fēn fēn yáo tóu
吗？”盲人们纷纷摇头。

guó wáng mìng rén qiān lái yī tóu dà xiàng duì máng rén men shuō xiàn zài
国王命人牵来一头大象，对盲人们说：“现在
zhè lǐ yǒu yī tóu dà xiàng nǐ men dōu lái mō mō tā jiù zhī dào tā shì shén
这里有一头大象，你们都来摸摸它，就知道它是什
me yàng zi de le
么样子的了。”

máng rén men tīng le shēn shǒu mō qǐ xiàng lái guò le yī huìr guó
盲人们听了，伸手摸起象来。过了一会儿，国
wáng wèn nǐ men rèn wéi dà xiàng shì shén me yàng zi de
王问：“你们认为大象是什么样子的？”

yī gè mō dào xiàng yá de máng rén huí dá dà xiàng zhǎng de xiàng yī gēn
一个摸到象牙的盲人回答：“大象长得像一根
yòu cū yòu dà de hú luó bo
又粗又大的胡萝卜！”

lìng yī gè mō dào dà xiàng ěr duo de máng rén lì kè fǎn bó tā bù
另一个摸到大象耳朵的盲人立刻反驳他：“不
duì dà xiàng xiàng yī bǎ dà shàn zi
对，大象像一把大扇子！”

成语中的道理

对待任何事情都不能像这些盲人那样，只了解到其中一小部分就轻易地下结论。只有全面地了解情况，才能做出正确的判断。

mō dào dà xiàng shēn tǐ de máng rén yě jiào qǐ lái bù duì bù duì
摸到大象身体的盲人也叫起来：“不对，不对，
dà xiàng yīng gāi xiàng yī dǔ gāo dà de qiáng
大象应该像一堵高大的墙！”

shèng xià de nà ge máng rén jiào dào dà xiàng míng míng xiàng yī gēn cū cū
剩下的那个盲人叫道：“大象明明像一根粗粗
de zhù zi a yuán lái zhè ge rén mō dào de shì dà xiàng de tuǐ
的柱子啊！”原来这个人摸到的是大象的腿。

jiù zhè yàng máng rén men dōu rèn wéi zì jǐ shì zhèng què de chǎo gè bù
就这样，盲人们都认为自己是正确的，吵个不
tíng qí shí shéi yě méi nòng qīng dà xiàng dào
停，其实谁也没弄清大象到
dǐ shì shén me yàng zi de
底是什么样子的。

南辕北辙

cóng qián yǒu yī gè rén yào qù chǔ guó chǔ guó zài nán fāng dàn tā
从前，有一个人要去楚国，楚国在南方，但他
què ràng chē fū jià zhe mǎ chē xiàng běi shǐ qù
却让车夫驾着马车向北驶去。

zhè ge rén zài lù shang yù dào le yī gè péng you péng you wèn tā nǐ
这个人在路上遇到了一个朋友，朋友问他：“你
yào qù nǎ lǐ ya tā huí dá shuō wǒ yào dào chǔ guó qù
要去哪里呀？”他回答说：“我要到楚国去。”

péng you tīng le lián máng shuō nǐ zǒu cuò le chǔ guó zài nán fāng
朋友听了，连忙说：“你走错了！楚国在南方，
ér nǐ xiàn zài shì wǎng běi fāng zǒu zhè ge rén què hē hē xiào zhe mǎn
而你现在是往北方走。”这个人却“呵呵”笑着，满
bù zài hu de shuō méi guān xi wǒ de mǎ pǎo de kě
不在乎地说：“没关系！我的马跑得可
kuài le yào bù liǎo duō jiǔ jiù néng dào chǔ guó
快了，要不了多久就能到楚国。”

péng you jiàn tā hái bù míng bai
朋友见他还不明白，
jiù nài xīn de quàn tā běn gāi cháo
就耐心地劝他：“本该朝
nán zǒu nǐ xiàn zài què xiàng běi zǒu
南走，你现在却向北走，
zǒu de yuè kuài lí chǔ guó jiù yuè
走得越快，离楚国就越

无论做什么事情，首先要找对方向，然后再努力，这样才能实现目标。如果方向错了，无论怎么努力，都只会离目标越来越远。

yuǎn a zhè ge rén hái shi jiān chí zì jǐ de xiǎng fǎ shuō méi guān
远啊！”这个人还是坚持自己的想法，说：“没关
xi wǒ dài le hěn duō qián lù tú shang de huā fei kěn dìng gòu le
系，我带了很多钱，路途上的花费肯定够了。”

péng you shuō nǐ dài zài duō de qián yě méi yòng cháo běi zǒu shì dào
朋友说：“你带再多的钱也没用，朝北走是到
bù liǎo chǔ guó de zhè ge rén què bù nài fán le shuō bù yào zài shuō
不了楚国的。”这个人却不耐烦了，说：“不要再说
le wǒ yào gǎn lù le wǒ de chē fū gǎn chē de jì shù kě shì yī liú
了，我要赶路了。我的车夫赶车的技术可是一流
de zěn me huì dào bù liǎo chǔ guó
的，怎么会到不了楚国
ne shuō wán tā bù
呢？”说完，他不
gù péng you de quàn gào
顾朋友的劝告，
jì xù xiàng běi gǎn lù
继续向北赶路。

囊萤映雪

jìn cháo yǒu yī gè jiào chē yìn de rén tā xué xí fēi cháng kè kǔ
晋朝有一个叫车胤的人，他学习非常刻苦，
zǒng shì zhuā zhù yī qiè kě yǐ lì yòng de shí jiān lái dú shū
总是抓住一切可以利用的时间来读书。

yī gè xià tiān de yè wǎn tā zuò zài yuàn zi li bèi shū yíng huǒ chóng
一个夏天的夜晚，他坐在院子里背书，萤火虫
zài shēn biān fēi lái fēi qù kàn zhe yíng huǒ chóng shēn shang de liàng guāng chē yìn
在身边飞来飞去。看着萤火虫身上的亮光，车胤
yǒu le hǎo zhǔ yi tā féng le yī gè bái bù dài zhuō le hěn duō yíng huǒ
有了好主意。他缝了一个白布袋，捉了很多萤火
chóng fàng jìn qù bái bù dài liàng le qǐ lái chē yìn jiù jiè zhe zhè me diǎnr
虫放进去。白布袋亮了起来，车胤就借着这么点儿
liàng guāng zài yè wǎn kè kǔ dú shū
亮光在夜晚刻苦读书。

chē yìn jiù zhè yàng yè yǐ jì rì de qín xué kǔ dú
车胤就这样夜以继日地勤学苦读，
zuì zhōng chéng le yī gè hěn yǒu xué wen de rén
最终成了一个很有学问的人。

jìn cháo hái yǒu yī gè jiào sūn kāng de rén tā yě hěn
晋朝还有一个叫孙康的人，他也很

成语中的道理

即使在艰苦的环境下，古人也能创造条件学习。我们现在有了良好的学习条件，就更加要珍惜这样的机会了。好好学习，用知识充实自己吧！

ài dú shū kě jiā li hěn qióng méi yǒu qián mǎi dēng yóu
爱读书，可家里很穷，没有钱买灯油。
yǒu yī tiān wǎn shang tā fā xiàn kě yǐ lì yòng jī xuě fǎn
有一天晚上，他发现可以利用积雪反
shè chū lái de guāng lái kàn shū yú shì měi cì xià xuě
射出来的光来看书。于是，每次下雪
hòu sūn kāng dōu bù gù hán lěng zuò zài xuě dì li kàn
后，孙康都不顾寒冷，坐在雪地里看
shū shǒu jiǎo dòng jiāng le jiù qǐ shēn pǎo yī pǎo rán hòu
书，手脚冻僵了，就起身跑一跑，然后
zài huí lái jì xù kàn shū
再回来继续看书。

zhè zhǒng kǔ xué de jīng shén cù
这种苦学的精神，促
shǐ sūn kāng de xué wen tū fēi měng jìn
使孙康的学问突飞猛进，
ràng tā zuì zhōng xué yǒu suǒ chéng
让他最终学有所成。

弄巧成拙

孙知微是有名的画家，擅长画人物画。

有一次，一个寺院请他画一幅《九曜星君图》。他用笔勾好线后，把几个徒弟叫过来，说：“这幅画的线条我已经勾好了，只剩下着色了。我现在有点事要出去，剩下的，你们几个人接着画吧！一定要小心，不要弄错了颜色。”

徒弟们都点头答应了。孙知微走后，徒弟们开始认真地给画着色。

一个徒弟发现画中水星菩萨的水晶瓶是空的，就说：“老师平时画瓶子，都要在上面画上花，这次可能忘记了吧！”另一个徒弟说：“那我

成语中的道理

我们做事情前应该多思考，全面考虑问题。如果自作聪明、想当然的话，反而会把事情弄糟。

men bāng lǎo shī bǎ huā bǔ shàng ba
们帮老师把花补上吧！”

dà jiā dōu tóng yì le tā de yì jiàn yú shì tā jiù zài shuǐ jīng
大家都同意了他的意见。于是，他就在水晶

píng shang rèn zhēn de huà shàng le yī duǒ lián huā
瓶上认真地画上了一朵莲花。

sūn zhī wēi huí lái hòu kàn dào shuǐ xīng pú sà de píng zi shang
孙知微回来后，看到水星菩萨的瓶子上

jìng rán duō chū yī duǒ lián huā qì de dà jiào qǐ lái shuǐ xīng pú
竟然多出一朵莲花，气得大叫起来：“水星菩

sà de píng zi shì yòng lái shōu fú yāo mó de bǎo bèi tiān shàng le
萨的瓶子是用来收服妖魔的宝贝，添上了

lián huā tā jiù chéng le yī zhī pǔ tōng de huā píng
莲花，它就成了一只普通的花瓶。

nǐ men zhēn shì nòng qiǎo chéng zhuō a tú dì men
你们真是弄巧成拙啊！”徒弟们

tīng le dōu xiū kuì
听了，都羞愧

de dī xià le tóu
地低下了头。

破釜沉舟

qín cháo mò nián xiàng yǔ shuài lǐng dà jūn qián qù yíng jiù bèi qín jūn zhǔ
秦朝末年，项羽率领大军前去营救被秦军主
lì wéi kùn zài jù lù de zhào wáng
力围困在巨鹿的赵王。

xiàng yǔ zhī dào zì jǐ de bīng lì bù rú qín jūn qiáng dà suǒ yǐ jué
项羽知道自己的兵力不如秦军强大，所以决
xīn pīn sǐ yī zhàn guò le zhāng hé hòu tā xià lìng shì bīng men měi rén zhǐ
心拼死一战。过了漳河后，他下令士兵们每人只
dài sān tiān de kǒu liáng yòu dāng zhe tā men de miàn fàng huǒ shāo diào le yíng
带三天的口粮，又当着他们的面，放火烧掉了营
fáng hé xíng jūn zhàng peng zá suì le jūn yíng zhōng shāo fàn yòng de qì
房和行军帐篷，砸碎了军营中烧饭用的器
jù zuì hòu tā hái xià lìng bǎ dù chuán quán záo pò le
具。最后，他还下令把渡船全凿破了。

xiàng yǔ duì shì bīng men shuō wǒ men yǐ jīng
项羽对士兵们说：“我们已经

当人没有退路，没有更多选择的时候，就会竭尽全力拼到底。所以，我们一旦有了目标，一定要下定决心，勇往直前。

méi yǒu liáng shi hé dù hé de chuán le yào xiǎng huó xià qù jiù bì xū hé qín
没有粮食和渡河的船了，要想活下去，就必须和秦
jūn jué yī sǐ zhàn
军决一死战！”

shì bīng men míng bai méi yǒu tuì lù le yú shì dǒu sǒu jīng shen qí shēng
士兵们明白没有退路了，于是抖擞精神齐声
hǎn dào wǒ men yī dìng jìn quán lì dǎ bài qín jūn
喊道：“我们一定尽全力打败秦军！”

dào le jù lù shì bīng men gè gè rú xià shān de měng hǔ
到了巨鹿，士兵们个个如下山的猛虎
bān fèn yǒng pīn shā zuì hòu xiàng yǔ de jūn duì yǐ shǎo
般奋勇拼杀。最后，项羽的军队以少
shèng duō jī bài le qín jūn yíng dé le shèng lì
胜多，击败了秦军，赢得了胜利。

杞人忧天

gǔ shí hou qǐ guó yǒu yī gè rén cháng cháng wèi yī xiē bù kě néng fā
古时候，杞国有一个人常常为一些不可能发
shēng de shì qing dān yōu yǒu yī tiān tā tū rán xiǎng dào rú guǒ tiān tā
生的事情担忧。有一天，他突然想到：如果天塌
xià lái le tài yáng yuè liang xīng xing cóng tiān shàng diào xià lái le nà kě
下来了，太阳、月亮、星星从天上掉下来了，那可
zěn me bàn
怎么办？

xiǎng dào zhè ge wèn tí tā dān xīn de chī bù xià fàn shuì bù hǎo
想到这个问题，他担心得吃不下饭，睡不好
jiào zhěng tiān āi shēng tàn qì péng you wèn tā chū le shén me shì tā jiù bǎ
觉，整天唉声叹气。朋友问他出了什么事，他就把
zì jǐ de dān yōu gào su le péng you
自己的担忧告诉了朋友。

péng you tīng le hā hā dà xiào shuō zhè shì bù kě néng de shì qing
朋友听了哈哈大笑，说：“这是不可能的事情！
tiān bù guò shì yī tuán jù jí zài yī qǐ de qì
天不过是一团聚集在一起的气
tǐ zěn me huì diào xià lái ne
体，怎么会掉下来呢？”

qǐ rén tīng le gèng dān xīn le
杞人听了更担心了，

shuō rú guǒ tiān zhǐ shì qì tǐ nà tài yáng yuè liang
说："如果天只是气体，那太阳、月亮、
xīng xing bù jiù gèng róng yì diào xià lái ma
星星不就更容易掉下来吗？"

péng you yòu gěi tā jiě shì tài yáng
朋友又给他解释："太阳、
yuè liang bù guò shì kōng qì zhōng fā guāng de dōng
月亮不过是空气中发光的东
xi jí shǐ diào xià lái yě bù huì shāng
西，即使掉下来，也不会伤
dào rén de
到人的。"

qǐ rén yòu wèn dì yào shi xiàn
杞人又问："地要是陷
xià qù le nà gāi zěn me bàn
下去了，那该怎么办？"

péng you zhǐ hǎo zài gěi tā jiě shì dì shì duī jī zài yī qǐ de dà tǔ
朋友只好再给他解释："地是堆积在一起的大土
kuài nǐ měi tiān dōu cǎi zài shàng miàn wèi shén me hái dān xīn dì huì xià xiàn ne
块。你每天都踩在上面，为什么还担心地会下陷呢？"

kě qǐ rén hái shi bù xiāng xìn péng you de huà yī jiù zhěng rì wèi zhè xiē
可杞人还是不相信朋友的话，依旧整日为这些
shì dān yōu
事担忧。

成语中的道理

我们不要像杞人那样，为一些没有根据的事情忧虑和担心。好好学习，增长知识吧，这样才能少一些无谓的困扰。

黔驴技穷

cóng qián qián xiàn zài guì zhōu yī dài nà ge dì
从前，黔（现在贵州一带）那个地
fang yuán běn méi yǒu lú yǒu rén cóng wài dì mǎi le yī tóu
方原本没有驴。有人从外地买了一头
lú zi bǎ tā dài huí qián dì dàn huí qù hòu nà rén
驴子，把它带回黔地。但回去后，那人
bù zhī dào ràng lú zi zuò shén me hǎo jiù bǎ tā shuān zài le shān lín li
不知道让驴子做什么好，就把它拴在了山林里。

shān lín li de lǎo hǔ kàn jiàn lú zi gǎn dào hěn chī jīng yīn wèi tā
山林里的老虎看见驴子，感到很吃惊，因为它
cóng lái méi jiàn guo zhè zhǒng dòng wù yú shì tā duǒ dào shù cóng li tōu tōu
从来没见过这种动物。于是，它躲到树丛里偷偷
guān chá qǐ lái zhè shí lú zi gāng chī bǎo tū rán áng qǐ tóu jiào le
观察起来。这时，驴子刚吃饱，突然昂起头叫了
jǐ shēng shēng yīn hěn dà bǎ lǎo hǔ xià huài le lǎo hǔ xīn xiǎng zhè jiā
几声，声音很大，把老虎吓坏了。老虎心想：这家
huo guǒ rán hěn lì hai
伙果然很厉害！

lú zi jiē zhe yòu bǎ hòu tuǐ tái de hěn gāo lǎo hǔ yī kàn xīn
驴子接着又把后腿抬得很高。老虎一看，心
xiǎng tā hǎo xiàng hái tǐng yǒu lì qi de
想：它好像还挺有力气的！

guān chá le jǐ tiān lǎo hǔ fā xiàn lú zi chú le huì dà jiào jǐ shēng
观察了几天，老虎发现驴子除了会大叫几声、

成语中的道理

驴子没有什么本领，很容易被敌人看穿。我们应该多学本领，让自己真正强大起来，这样才能保护好自己。

tái jǐ xià hòu tuǐ yǐ wài bìng méi yǒu shén me běn shi jiù dà zhe dǎn zi zǒu
抬几下后腿以外，并没有什么本事，就大着胆子走
dào lǘ zi shēn biān lǘ zi kàn dào lǎo hǔ dà jiào qǐ lái lǎo hǔ què
到驴子身边。驴子看到老虎，大叫起来。老虎却
bù hài pà jì xù kào jìn tā
不害怕，继续靠近它。

lǘ zi shēng qì le yī biān dà jiào zhe yī biān shǐ jìn de tī zhe hòu
驴子生气了，一边大叫着，一边使劲地踢着后
tuǐ lǎo hǔ duǒ guo le lǘ zi de tí zi qīng miè de shuō nǐ jiù zhè
腿。老虎躲过了驴子的蹄子，轻蔑地说：“你就这
diǎn běn shi bà le wǒ cái bù pà nǐ ne
点本事罢了，我才不怕你呢！”
shuō wán biàn pū
说完，便扑
le guò qù
了过去，
bǎ lǘ zi chī
把驴子吃
diào le
掉了。

塞翁失马

cóng qián yǒu wèi lǎo rén zhù zài biān sài dì qū rén men chēng tā wéi sài wēng
从前，有位老人住在边塞地区，人们称他为塞翁。
yǒu yī cì tā de yī pǐ mǎ fàng mù shí zǒu diū le cūn mín men dé
有一次，他的一匹马放牧时走丢了。村民们得
zhī zhè yī xiāo xi dōu pǎo lái ān wèi tā tā què qīng sōng de shuō méi guān xi
知这一消息，都跑来安慰他。他却轻松地说："没关系，
zhè yě xǔ shì yī jiàn hǎo shì ne cūn mín men tīng le dōu jué de hěn qí guài
这也许是一件好事呢！"村民们听了都觉得很奇怪。
jǐ tiān hòu sài wēng de mǎ dài zhe hǎo jǐ pǐ hǎo mǎ huí lái le cūn mín
几天后，塞翁的马带着好几匹好马回来了，村民
men dōu pǎo lái zhù hè tā bìng kuā tā zhī qián yǒu yuǎn jiàn
们都跑来祝贺他，并夸他之前有远见。
sài wēng què yōu xīn chōng chōng de shuō
塞翁却忧心忡忡地说：
xiān bié gāo xìng shuō bu dìng
"先别高兴，说不定
zhè shì yī jiàn huài shì ne
这是一件坏事呢！"

sài wēng de ér zi hěn xǐ huan
塞翁的儿子很喜欢
qí mǎ yī tiān tā qí hǎo mǎ
骑马。一天，他骑好马
shí bù xiǎo xīn bǎ tuǐ shuāi duàn
时，不小心把腿摔断
le cūn mín men tīng shuō hòu
了。村民们听说后，
yòu lái ān wèi sài wēng sài
又来安慰塞翁，塞
wēng què shuō zhè kě néng
翁却说：“这可能
shì yī jiàn hǎo shì ne
是一件好事呢！”

guò le yī duàn shí jiān biān sài bào fā le zhàn zhēng cūn zi li
过了一段时间，边塞爆发了战争，村子里
jiàn zhuàng de nán zǐ dōu děi qù cān jūn zhàn zhēng chí xù le hěn cháng shí jiān
健壮的男子都得去参军。战争持续了很长时间，
qù cān jūn de rén sǐ de sǐ shāng de shāng wéi dú sài wēng de ér zi yīn
去参军的人死的死，伤的伤，唯独塞翁的儿子因
wèi tuǐ duàn le méi fǎ shàng zhàn chǎng ér bǎo quán le xìng mìng
为腿断了，没法上战场而保全了性命。

成语中的道理

万事万物都在不断地变化和转化中。有时候，坏事可能会转化成好事。所以，遇到不好的事情也不要太悲观，要积极面对。

三顾茅庐

dōng hàn mò nián tiān xià dà luàn gè lù háo jié fēn fēn zhāo bīng mǎi
东汉末年，天下大乱，各路豪杰纷纷招兵买
mǎ kuò dà zì jǐ de shì lì liú bèi jiù shì qí zhōng zhī yī liú bèi jì
马，扩大自己的势力，刘备就是其中之一。刘备既
méi yǒu hěn duō lǐng dì hé cái fù yòu méi yǒu qiáng dà de jūn duì dàn shì tā
没有很多领地和财富，又没有强大的军队，但是他
fēi cháng zhòng shì hé zūn zhòng rén cái
非常重视和尊重人才。

yǒu yī cì liú bèi tīng shuō yǒu gè jiào zhū gě liàng de rén fēi cháng yǒu
有一次，刘备听说有个叫诸葛亮的人非常有
cái néng biàn jué dìng qīn zì qù bài fǎng tā
才能，便决定亲自去拜访他。

liú bèi hé guān yǔ zhāng fēi yī qǐ qù bài fǎng zhū gě liàng yī lián
刘备和关羽、张飞一起去拜访诸葛亮。一连
liǎng cì zhū gě liàng dōu gāng hǎo wài chū le zhāng fēi shì gè jí
两次，诸葛亮都刚好外出了。张飞是个急
xìng zi tā shēng qì de duì liú bèi shuō zhū
性子，他生气地对刘备说：“诸
gě liàng yǒu duō dà de néng nai jìng rán lián nín
葛亮有多大的能耐，竟然连您
dēng mén bài fǎng dōu bì ér bù jiàn
登门拜访都避而不见？”

liú bèi shuō zhǐ shì pèng qiǎo bà
刘备说：“只是碰巧罢

成语中的道理

诚意是打动人心的法宝。如果你对朋友以诚相待，你的朋友一定会越来越多。

le wǒ yī dìng huì zài lái zhí dào jiàn dào tā wéi zhǐ
了。我一定会再来，直到见到他为止。”

liú bèi dì sān cì lái de shí hou pèng qiǎo zhū gě
刘备第三次来的时候，碰巧诸葛
liàng zhèng zài shuì wǔ jiào tā biàn zài wū wài děng hòu zhū
亮正在睡午觉，他便在屋外等候。诸
gě liàng xǐng lái hòu bèi liú bèi de chéng yì suǒ dǎ dòng
葛亮醒来后，被刘备的诚意所打动，
lián máng mìng shū tóng bǎ liú bèi qǐng le jìn lái
连忙命书童把刘备请了进来。

liú bèi xiàng zhū gě liàng qǐng jiào píng dìng tiān xià de
刘备向诸葛亮请教平定天下的
bàn fǎ zhū gě liàng gěi liú bèi fēn xī le tiān xià de xíng
办法，诸葛亮给刘备分析了天下的形
shì liú bèi tīng le fēi cháng pèi fú biàn qǐng qiú zhū gě
势。刘备听了，非常佩服，便请求诸葛
liàng chū shān xiāng zhù
亮出山相助。

hòu lái zhū gě liàng jìn xīn fǔ zuǒ liú bèi bāng
后来，诸葛亮尽心辅佐刘备，帮
tā jiàn lì le shǔ hàn wáng cháo
他建立了蜀汉王朝。

守株待兔

sòng guó yǒu yī gè nóng fū tā měi tiān dōu zài tián dì li xīn qín láo
宋国有一个农夫，他每天都在田地里辛勤劳
zuò yǒu shí gàn huó lèi le tā jiù kào zhe tián biān de yī jié shù zhuāng xiū
作。有时干活累了，他就靠着田边的一截树桩休
xi yī huìr
息一会儿。

yǒu yī tiān nóng fū yòu xiàng wǎng cháng yī yàng zài dì li mái tóu gàn
有一天，农夫又像往常一样在地里埋头干
huó yī zhī yě tù tū rán cóng cǎo cóng zhōng cuàn chū lái yī tóu zhuàng zài shù
活，一只野兔突然从草丛中窜出来，一头撞在树
zhuāng shang zhé duàn bó zi sǐ le
桩上，折断脖子死了。

bái bái jiǎn dào yī zhī féi měi de tù zi nóng fū gāo xìng jí le tā
白白捡到一只肥美的兔子，农夫高兴极了，他
xiǎng zhēn shì tài xìng yùn le méi zhǔn míng tiān
想：真是太幸运了，没准明天
hái huì yǒu tù zi pǎo lái ne wǒ kě bù
还会有兔子跑来呢，我可不
néng cuò guò zhè yàng de hǎo shì
能错过这样的好事。

dì èr tiān nóng fū zài dì li gàn
第二天，农夫在地里干
huó shí gàn yī huìr nóng huó jiù cháo cǎo
活时，干一会儿农活，就朝草

cóng li kàn yī kàn huò zhě zài shù zhuāng páng zǒu lái zǒu qù xī wàng zài yǒu
丛里看一看，或者在树桩旁走来走去，希望再有
tù zi cuàn chū lái zhuàng zài shù zhuāng shang kě shì yī zhí děng dào wǎn shang
兔子窜出来撞在树桩上。可是，一直等到晚上，
tā yě méi yǒu kàn jiàn yī zhī tù zi
他也没有看见一只兔子。

dàn nóng fū bìng bù gān xīn tā kāi shǐ měi tiān shǒu zài shù zhuāng biān
但农夫并不甘心，他开始每天守在树桩边，
xī wàng néng zài jiǎn dào tù zi tā rì fù yī rì de děng yī zhí děng dào
希望能再捡到兔子。他日复一日地等，一直等到
tā de tián dì li zhǎng mǎn le yě cǎo zhuāng jia dōu huāng wú le yī rán lián
他的田地里长满了野草，庄稼都荒芜了，依然连
zhī tù zi de yǐng zi dōu méi jiàn dào
只兔子的影子都没见到。

只有通过自己的努力，才能有所收获。抱着不劳而获的想法一味等待，只会一事无成。

水滴石穿

从前有个叫张乖崖的人，他是崇阳县的县令。

有一天，他办完公务在衙门周围散步时，看见一个小吏慌慌张张地从府库里溜出来。他觉得很奇怪，便喝住了那个小吏。

小吏紧张得浑身发抖。这时，从他的头巾里掉出了一枚钱币。张乖崖这下明白了，原来小吏偷了衙门里的钱。张乖崖立刻命人把小吏押到大堂，进行审问。小吏很不服气，不以为然地说：

yī méi qián bì yǒu shén me dà bu liǎo de
“一枚钱币有什么大不了的！”

dāng shí guān fǔ li de jì lǜ bìng
当时官府里的纪律并

bù yán míng jīng cháng yǒu xià shǔ bù
不严明，经常有下属不

fú shàng si shèn zhì wǔ rǔ shàng si
服上司甚至侮辱上司

de shì qing fā shēng zhāng guāi yá
的事情发生，张乖崖

xiǎng chèn zhè ge jī huì zhěng zhì yī xià
想趁这个机会整治一下

zhè zhǒng bù liáng fēng qì
这种不良风气。

yú shì tā shuō dào yī tiān yī méi qián bì yī qiān tiān jiù shì
于是，他说道：“一天一枚钱币，一千天就是

yī qiān méi yòng shéng zi jù mù tou shí jiān cháng le yě néng bǎ mù tou jù
一千枚。用绳子锯木头，时间长了也能把木头锯

duàn shuǐ dī zài shí tou shang shí jiān cháng le shí tou yě néng bèi dī chū yī
断；水滴在石头上，时间长了石头也能被滴出一

gè dòng shuō wán biàn xià lìng yán chéng zhè ge tōu qián de xiǎo lì
个洞。”说完，便下令严惩这个偷钱的小吏。

成语中的道理

日积月累，小小的水滴都可以把大石头滴穿。这告诉我们，要实现理想就一定要持之以恒，坚持不懈。

脱颖而出

zhàn guó shí qī qín guó gōng dǎ zhào guó zhào guó xíng shì wēi jí yú
战国时期，秦国攻打赵国，赵国形势危急。于
shì zhào wáng pài píng yuán jūn qù chǔ guó qiú yuán
是，赵王派平原君去楚国求援。

zhè shí yī gè jiào máo suì de rén zhǔ dòng yāo qiú yī qǐ chū
这时，一个叫毛遂的人主动要求一起出
shǐ píng yuán jūn méi yǒu tīng shuō guo tā jiù wèn xiān sheng zài wǒ
使。平原君没有听说过他，就问："先生在我
mén xià duō jiǔ le máo suì huí dá yǐ jīng sān nián le
门下多久了？"毛遂回答："已经三年了。"

píng yuán jūn shuō yǒu cái néng de rén zài rén
平原君说："有才能的人在人
qún zhōng jiù xiàng ruì lì de zhuī zi fàng zài bù dài
群中就像锐利的锥子放在布袋
zhōng zhuī jiān huì lì kè zhā pò bù dài xiǎn lù chū
中，锥尖会立刻扎破布袋显露出

lái kě shì nǐ zài wǒ mén xià yǐ jīng sān nián le wǒ què cóng méi tīng shuō
来。可是，你在我门下已经三年了，我却从没听说
guo nǐ zhè shuō míng nǐ bìng méi yǒu shén me tè shū de cái néng a
过你，这说明你并没有什么特殊的才能啊！”

máo suì shuō nà shì yīn wèi wǒ yī zhí bù zài bù dài li yào shi wǒ zǎo
毛遂说：“那是因为我一直不在布袋里。要是我早
jiù zài bù dài li xiàn zài yīng gāi bù zhǐ shì lù yī diǎn zhuī jiān kěn dìng zhěng gè zhuī
就在布袋里，现在应该不只是露一点锥尖，肯定整个锥
zi dōu lù chū lái le píng yuán jūn tīng le zhōng yú tóng yì dài tā yī qǐ chū shǐ
子都露出来了。”平原君听了，终于同意带他一起出使。

dào le chǔ guó chǔ wáng yīn wèi hài pà qín guó zěn me yě bù kěn hé
到了楚国，楚王因为害怕秦国，怎么也不肯和
zhào guó jié méng zuì hòu hái shi máo suì jù lǐ lì zhēng shuō fú le chǔ wáng
赵国结盟，最后还是毛遂据理力争说服了楚王。

cóng cǐ máo suì biàn shòu dào le píng yuán jūn de qì zhòng
从此，毛遂便受到了平原君的器重。

光有才能还不够，还要勇于表现自己。这样才能为自己赢得更多机会，发挥自己的才能，取得更大的成就。

亡羊补牢

gǔ shí hou yǒu gè nóng mín yǎng le hěn duō yáng
古时候，有个农民养了很多羊。

yǒu yī tiān tā fā xiàn yáng juàn yǒu jǐ gēn lán gān sōng dòng le lín
有一天，他发现羊圈有几根栏杆松动了。邻

jū kàn dào le máng tí xǐng tā kuài bǎ nǐ de yáng juàn bǔ hǎo ba yào
居看到了，忙提醒他：“快把你的羊圈补好吧，要

bù rán wǎn shang láng huì bǎ nǐ de yáng diāo zǒu de nóng mín què shuō méi
不然晚上狼会把你的羊叼走的。”农民却说：“没

guān xi láng nǎ yǒu zhè me róng yì jiù bǎ yáng diāo zǒu
关系，狼哪有这么容易就把羊叼走？”

méi xiǎng dào dì èr tiān zǎo shang nóng mín qǐ lái yī kàn zhēn de shǎo le
没想到第二天早上，农民起来一看，真的少了

yī zhī yáng lín jū quàn tā hái shi
一只羊。邻居劝他：“还是

bǎ yáng juàn bǔ yī bǔ ba fáng zhǐ láng
把羊圈补一补吧，防止狼

jīn wǎn zài lái nóng mín xīn cún jiǎo
今晚再来。”农民心存侥

xìng hái shi méi bǔ yáng juàn
幸，还是没补羊圈。

dì sān tiān zǎo shang nóng mín lái
第三天早上，农民来

dào yáng juàn fā xiàn yòu yǒu yī zhī yáng
到羊圈，发现又有一只羊

bù jiàn le tā
不见了。他
xīn téng jí le
心疼极了，
hòu huǐ méi yǒu
后悔没有
zǎo diǎn bǎ yáng
早点把羊
juàn bǔ hǎo lín
圈补好。邻
jū yòu quàn tā bǔ yáng
居又劝他补羊
juàn tā ào nǎo de wèn dào dōu yǐ jīng diū le liǎng zhī
圈，他懊恼地问道："都已经丢了两只
yáng le xiàn zài bǔ hái yǒu yòng ma
羊了，现在补还有用吗？"

lín jū shuō rú guǒ xiàn zài bù bǔ de huà yǐ hòu yáng hái huì diū
邻居说："如果现在不补的话，以后羊还会丢，
nà nǐ de sǔn shī jiù gèng dà le
那你的损失就更大了！"

nóng mín yī xiǎng què shí rú cǐ jiù mǎ shàng dòng shǒu bǔ yáng juàn guǒ
农民一想，确实如此，就马上动手补羊圈。果
rán yáng juàn bǔ hǎo hòu tā de yáng jiù zài yě méi yǒu diū guo
然，羊圈补好后，他的羊就再也没有丢过。

做错事情并不可怕，只要能认真吸取教训，积极想办法补救，就可以避免更大的损失。

唯利是图

春秋时期，秦桓公和晋厉公订立友好盟约，约定两国和平相处，不做损害对方利益的事情。

定下盟约后不久，秦桓公就派人游说楚国和狄国，让他们联合起来攻打晋国。晋厉公知道后很生气，就派大臣吕相到秦国抗议。

吕相问秦桓公：“你们为什么不守信义呢？”

秦桓公听了，傲慢地回答：“这很好理解。我们所做的一切，都是从秦国的利益出发的。”

吕相听了很吃惊，说：“你们这样做，简直就是唯利是图啊！”秦桓公一点儿也不觉得羞愧，

成语中的道理

为了利益而违背自己的诺言、背弃朋友，这样是难以获得别人的尊重和信任的。

fǎn ér xiào zhe shuō nǐ gài kuò de hěn duì wǒ men de zhèng cè zhèng shì wéi
反而笑着说：“你概括得很对，我们的政策正是唯
lì shì tú
利是图。”

lǚ xiàng zhì wèn dào nǐ jiù bù pà wǒ
吕相质问道：“你就不怕我
men hé nǐ men duàn jiāo ma qín huán
们和你们断交吗？”秦桓
gōng wú suǒ wèi de shuō nǐ men xiǎng
公无所谓地说：“你们想
zěn yàng jiù zěn yàng ba
怎样就怎样吧！”

jìn guó lì kè hé qín
晋国立刻和秦
guó duàn jiāo méi guò duō
国断交，没过多
jiǔ liǎng guó jiù
久，两国就
bào fā le
爆发了
zhàn zhēng
战争。

闻鸡起舞

zǔ tì shì dōng jìn shí qī yǒu míng de jiàng lǐng tā nián qīng shí jiù xiōng
祖逖是东晋时期有名的将领，他年轻时就胸
huái dà zhì xī wàng néng gòu shōu fù zhōng yuán shī dì hòu lái zǔ tì hé
怀大志，希望能够收复中原失地。后来，祖逖和
yòu shí de hǎo yǒu liú kūn yī tóng dān rèn sī zhōu zhǔ bù tā yǔ liú kūn bù
幼时的好友刘琨一同担任司州主簿。他与刘琨不
jǐn gǎn qíng shēn hòu hái yǒu zhe gòng tóng de yuǎn dà lǐ xiǎng jiàn gōng lì yè
仅感情深厚，还有着共同的远大理想：建功立业，
fù xīng jìn guó chéng wéi guó jiā de dòng liáng zhī cái
复兴晋国，成为国家的栋梁之材。

yǒu yī tiān tiān gāng mēng mēng liàng jī cái jiào le yī biàn zǔ tì
有一天，天刚蒙蒙亮，鸡才叫了一遍，祖逖
jiù xǐng le tā tuī le tuī liú kūn
就醒了。他推了推刘琨，
shuō kuài qǐ chuáng wài miàn de
说：“快起床，外面的
jī dōu dǎ míng le
鸡都打鸣了，
wǒ men gāi
我们该

成语中的道理

实现理想的道路是漫长艰辛的。想要实现远大的理想，现在就要开始努力。

liàn jiàn le liú kūn tīng le róu le róu yǎn jing mǎ shàng qǐ chuáng le
练剑了。”刘琨听了，揉了揉眼睛，马上起床了。

cǐ shí tiān wēi wēi yǒu xiē liàng guāng sì zhōu jìng qiāo qiāo de bié
此时，天微微有些亮光，四周静悄悄的。别
rén dōu hái zài shuì mèng zhōng tā men jiù yǐ jīng kāi shǐ liàn jiàn le
人都还在睡梦中，他们就已经开始练剑了。

jiù zhè yàng tā men měi tiān yī tīng dào jī jiào jiù qǐ chuáng liàn jiàn
就这样，他们每天一听到鸡叫就起床练剑。
jīng guò cháng shí jiān de jiān chí tā men zhōng yú liàn jiù le yī shēn hǎo wǔ gōng
经过长时间的坚持，他们终于练就了一身好武功。

hòu lái zǔ tì hé liú kūn dōu
后来，祖逖和刘琨都
chéng le bǎo wèi guó jiā de dà yīng xióng
成了保卫国家的大英雄，
shēn shòu bǎi xìng men de ài dài
深受百姓们的爱戴。

卧薪尝胆

chūn qiū shí qī wú guó hé yuè guó dǎ
春秋时期，吴国和越国打
le yī cháng zhàng jié guǒ yuè guó zhàn bài yuè
了一场仗，结果越国战败，越
wáng gōu jiàn bèi zhuā dào le wú guó
王勾践被抓到了吴国。

wú wáng fū chāi qiú jìn le gōu jiàn bǎ tā dàng chéng nú lì yī yàng shǐ huan
吴王夫差囚禁了勾践，把他当成奴隶一样使唤，
ràng tā gàn gè zhǒng gè yàng de zhòng huór hái jīng cháng wǔ rǔ tā
让他干各种各样的重活儿，还经常侮辱他。

gōu jiàn mò mò de rěn shòu zhe zhè xiē qū rǔ biǎo miàn shang zhuāng chū yī
勾践默默地忍受着这些屈辱，表面上装出一
fù zūn jìng fū chāi de yàng zi
副尊敬夫差的样子。

jiàn jiàn de fū chāi duì gōu jiàn fàng sōng le jǐng tì sān nián hòu tā
渐渐地，夫差对勾践放松了警惕。三年后，他
jiāng gōu jiàn fàng huí le yuè guó
将勾践放回了越国。

huí dào yuè guó hòu gōu jiàn lì zhì yào bào chóu xuě hèn wèi le tí
回到越国后，勾践立志要报仇雪恨。为了提
xǐng zì jǐ bù wàng zài wú guó shòu dào de chǐ rǔ tā chāi diào le kuān dà shū
醒自己不忘在吴国受到的耻辱，他拆掉了宽大舒
shì de dà chuáng bān zǒu le róu ruǎn wēn nuǎn de bèi rù huàn shàng yòu gān yòu
适的大床，搬走了柔软温暖的被褥，换上又干又

失败带给我们的不只是伤痛，更重要的是经验教训。经常拿这些经验教训来提醒自己，可以让我们避免重复犯错。

yìng de chái cǎo wǎn shang jiù shuì zài chái cǎo shang
硬的柴草，晚上就睡在柴草上。

gōu jiàn hái zài fáng jiān li guà le yī gè kǔ dǎn měi tiān yòng shé tou
勾践还在房间里挂了一个苦胆，每天用舌头
qù cháng yī xià nà kǔ sè de wèi dào yǐ cǐ gào jiè zì jǐ bù yào wàng
去尝一下那苦涩的味道，以此告诫自己：“不要忘
jì zài wú guó suǒ shòu de chǐ rǔ yào wèi guó jiā bào chóu
记在吴国所受的耻辱，要为国家报仇。”

wèi le gǔ lì mín zhòng gōu jiàn lǐng zhe qī zi hé bǎi xìng
为了鼓励民众，勾践领着妻子和百姓
yī qǐ láo dòng jiù zhè yàng jīng guò cháng qī de nǔ
一起劳动。就这样，经过长期的努
lì yuè guó zhú jiàn qiáng dà qǐ lái bìng zuì zhōng
力，越国逐渐强大起来，并最终
xiāo miè wú guó chēng bà zhōng yuán
消灭吴国，称霸中原。

胸有成竹

sòng cháo yǒu gè yǒu míng de cái zǐ jiào wén yǔ kě tā bù dàn xiě de
宋朝有个有名的才子叫文与可。他不但写得
yī shǒu hǎo wén zhāng hái jīng tōng shū fǎ hé huì huà yóu qí shàn cháng huà zhú
一手好文章，还精通书法和绘画，尤其擅长画竹
zi tā bǐ xià de zhú zi dōu xǔ xǔ rú shēng
子。他笔下的竹子都栩栩如生。

yǒu rén wèn tā wèi shén me néng jiāng zhú zi huà de zhè me hǎo tā xiào
有人问他为什么能将竹子画得这么好，他笑
zhe shuō nǐ kàn wǒ zhè yuàn zi li zhòng de quán shì zhú zi wǒ měi tiān
着说：“你看我这院子里，种的全是竹子。我每天
dōu huì dào zhú lín zhōng sàn bù zǐ xì guān chá měi yī kē zhú zi cóng zhú gàn
都会到竹林中散步，仔细观察每一棵竹子，从竹干
dào zhú yè rèn hé yī gè xì xiǎo de dì fang wǒ dōu bù fàng guò tā men de
到竹叶，任何一个细小的地方我都不放过。它们的
měi yī gè tè diǎn dōu kè zài wǒ de nǎo zi li tā men zài fēng zhōng de
每一个特点，都刻在我的脑子里；它们在风中的
yàng zi yǔ zhōng de yàng zi tài yáng zhào shè xià de yàng zi wǒ dōu fēi cháng
样子、雨中的样子、太阳照射下的样子，我都非常

成语中的道理

做事之前一定要考虑周全，做好充分的准备，这样即便遇到问题，也能够沉着应对。

shú xi zhè xiē zhú zi jiù hǎo xiàng zhǎng zài wǒ de xīn lǐ
熟悉。这些竹子就好像长在我的心里
yī yàng suǒ yǐ měi dāng wǒ tí bǐ huà zhú de shí hou píng
一样，所以每当我提笔画竹的时候，平
shí guān chá dào de gè zhǒng xíng tài de zhú zi jiù huì fú xiàn
时观察到的各种形态的竹子就会浮现
zài wǒ yǎn qián zhè yàng huà qǐ lái jiù róng yì le
在我眼前，这样画起来就容易了。”

hòu lái yǒu gè wén rén xiě le yī shǒu shī lái chēng
后来，有个文人写了一首诗来称
zàn wén yǔ kě de huà zhú jì shù qí zhōng yǒu
赞文与可的画竹技术，其中有
liǎng jù shì yǔ kě huà zhú shí xiōng zhōng
两句是：与可画竹时，胸中
yǒu chéng zhú
有成竹。

掩耳盗铃

cóng qián yǒu gè xiǎo tōu kàn zhòng le dà hù rén jiā de yī kǒu dà zhōng
从前，有个小偷看中了大户人家的一口大钟。
yóu yú zhōng tài dà le tā xiǎng bǎ dà zhōng qiāo suì hòu tōu zǒu xiǎo tōu yòng
由于钟太大了，他想把大钟敲碎后偷走。小偷用
chuí zi qiāo le yī xià dà zhōng jiù wēng wēng de xiǎng le qǐ lái
锤子敲了一下，大钟就“嗡嗡”地响了起来。

zhè yàng kěn dìng huì bèi rén fā xiàn de zěn yàng cái néng ràng bié rén
这样肯定会被人发现的。怎样才能让别人
tīng bù dào zhōng shēng ne xiǎo tōu yǎn zhū yī zhuàn xiǎng chū le yī gè bàn
听不到钟声呢？小偷眼珠一转，想出了一个办
fǎ bǎ ěr duo dǔ shàng bù jiù tīng bù dào xiǎng shēng le ma
法：把耳朵堵上，不就听不到响声了吗？

xiǎo tōu zhǎo lái xiē mián bù bǎ zì jǐ de ěr duo dǔ zhù rán hòu yòng
小偷找来些棉布，把自己的耳朵堵住，然后用
chuí zi qiāo dà zhōng guǒ rán zhè huí tā tīng
锤子敲大钟。果然，这回他听
bù dào shēng yīn le
不到声音了。

yú shì tā biàn fàng xīn de qiāo zhōng
于是他便放心地敲钟，
xī wàng jǐn kuài bǎ tā qiāo suì bān zǒu
希望尽快把它敲碎搬走。

méi xiǎng dào tā hái méi qiāo jǐ
没想到，他还没敲几

成语中的道理

小偷堵上自己的耳朵，就以为别人也听不到了。我们可不能像他这样自欺欺人，还是学会勇敢面对现实吧！

xià zhǔ rén jiù gǎn lái dāng chǎng bǎ tā zhuā zhù le xiǎo tōu hěn chà yì
下，主人就赶来当场把他抓住了。小偷很诧异，
biàn wèn wǒ yǐ jīng bǎ ěr duo dǔ shàng tīng bù jiàn zhōng de xiǎng shēng le
便问：“我已经把耳朵堵上，听不见钟的响声了，
nǐ zěn me zhī dào wǒ zài tōu nǐ de dà zhōng ne
你怎么知道我在偷你的大钟呢？”

zhǔ rén tīng le hā hā dà xiào dào nǐ dǔ zhù de shì nǐ zì jǐ
主人听了，哈哈大笑道：“你堵住的是你自己
de ěr duo wǒ de ěr duo hái
的耳朵，我的耳朵还
shì néng tīng jiàn zhōng de
是能听见钟的
xiǎng shēng de
响声的！”

叶公好龙

chūn qiū shí qī chǔ guó yǒu yī gè guì zú rén men dōu jiào tā yè
春秋时期，楚国有一个贵族，人们都叫他叶
gōng yè gōng jīng cháng shuō wǒ zuì xǐ huan lóng le lóng shì nà me shén yǒng
公。叶公经常说：“我最喜欢龙了。龙是那么神勇，
nà me wēi wǔ zhēn shì tài ràng rén zháo mí le
那么威武，真是太让人着迷了！”

jiā zhōng xiū fáng zi de shí hou yè gōng ràng gōng jiàng zài qiáng bì hé zhù
家中修房子的时候，叶公让工匠在墙壁和柱
zi shang diāo kè le gè shì gè yàng de lóng tā jiā de jiǔ hú jiǔ bēi shang
子上雕刻了各式各样的龙。他家的酒壶、酒杯上
yě dōu kè mǎn le lóng yè gōng hái bù mǎn yì yòu ràng rén zài tā de
也都刻满了龙。叶公还不满意，又让人在他的
yī fu shang xiù shàng le lóng de tú àn
衣服上绣上了龙的图案。

yè gōng xǐ huan lóng de míng shēng chuán dào le
叶公喜欢龙的名声传到了
tiān shàng zhēn lóng de ěr duo li zhēn lóng hěn gāo
天上真龙的耳朵里。真龙很高
xìng xīn xiǎng rén jiān jū rán yǒu rén zhè
兴，心想：人间居然有人这
me xǐ huan wǒ nà wǒ yīng gāi xià
么喜欢我，那我应该下

成语中的道理

我们可不要像叶公那样，说一套做一套，言行不一。只有表里如一、实事求是，才能获得别人的信任。

qù kàn kàn tā yě ràng tā kàn kàn wǒ
去看看他，也让他看看我。

yú shì zhēn lóng cǎi zhe yún duǒ fēi dào le yè gōng jiā
于是，真龙踩着云朵飞到了叶公家。

yè gōng jiàn dào zhēn lóng xià le yī dà tiào zhēn lóng xiàng yè gōng dǎ zhāo hu péng you wǒ lái kàn nǐ la
叶公见到真龙，吓了一大跳。真龙向叶公打招呼：“朋友，我来看你啦！”

yè gōng xià de fēi kuài de táo zǒu le nǎ lǐ hái jì de zì jǐ shuō guo zuì xǐ huan lóng de huà
叶公吓得飞快地逃走了，哪里还记得自己说过最喜欢龙的话。

一鼓作气

chūn qiū shí qī lǔ guó hé qí guó jiāo zhàn lǔ wáng qǐng lái móu shì
春秋时期，鲁国和齐国交战。鲁王请来谋士
cáo guì yī qǐ zhǐ huī jūn duì
曹刿一起指挥军队。

shuāng fāng de zhèn shì gāng bǎi hǎo qí guó biàn qiāo xiǎng le zhàn gǔ dàn
双方的阵势刚摆好，齐国便敲响了战鼓，但
shì cáo guì yāo qiú lǔ jūn àn bīng bù dòng bù jiǔ qí guó yòu qiāo le dì
是曹刿要求鲁军按兵不动。不久，齐国又敲了第
èr biàn zhàn gǔ lǔ wáng zhǔn bèi xià lìng chū bīng dàn yòu bèi cáo guì zhì zhǐ
二遍战鼓，鲁王准备下令出兵，但又被曹刿制止
le zhí dào qí jūn qiāo dì sān biàn zhàn gǔ shí cáo guì cái shuō kě yǐ
了。直到齐军敲第三遍战鼓时，曹刿才说：“可以
chū bīng le lǔ jūn xiàng měng hǔ yī yàng pū xiàng dí jūn hěn kuài jiù bǎ qí
出兵了！”鲁军像猛虎一样扑向敌军，很快就把齐
jūn dǎ bài le
军打败了。

成语中的道理

做事情不要拖拖拉拉。趁着干劲十足的时候做事情，就能够像一鼓作气的士兵一样，又快又好地完成任务。

zhàn dòu jié shù hòu，lǔ wáng wèn cáo guì，zuò zhàn shí
战斗结束后，鲁王问曹刿，作战时
wèi shén me yào děng dí jūn qiāo dì sān biàn gǔ hòu cái chū bīng。
为什么要等敌军敲第三遍鼓后才出兵。
cáo guì huí dá：“dǎ zhàng kào de shì shì qì。qiāo dì yī
曹刿回答：“打仗靠的是士气。敲第一
biàn gǔ，kě yǐ jī fā hěn dà de shì qì；qiāo dì
遍鼓，可以激发很大的士气；敲第
èr biàn shí，shì qì yǐ jīng bù nà me zú le；qiāo dì
二遍时，士气已经不那么足了；敲第
sān biàn shí，shì qì jiù wán quán méi yǒu le。dí
三遍时，士气就完全没有了。敌
jūn qiāo sān cì gǔ hòu，shì qì yǐ jīng xiāo
军敲三次鼓后，士气已经消
shī le，ér wǒ men de shì bīng
失了，而我们的士兵
zé yī gǔ zuò qì，dòu zhì
则一鼓作气，斗志
áng yáng，dāng rán néng dǎ
昂扬，当然能打
bài tā men。”
败他们。”

一叶障目

从前，楚国有个书呆子，他从书中得知，如果得到螳螂捕捉知了时用来遮身的那片叶子，就可以把自己的身体隐蔽起来。从此，他便整天在树林里转悠，寻找螳螂捉知了时藏身的叶子。

有一天，他终于看到一只螳螂躲在一片树叶下捕捉知了，他兴奋地扑上去摘下那片叶子。可是他不小心把这片叶子掉在地上，与满地的落叶混在了一起。于是，他索性将地上的落叶全部扫起，带回家中。

他决定一片一片试验。于是，他一次次地举起树叶遮住眼睛问妻子：“你能看见我吗？”

yī kāi shǐ qī zi hái nài xīn de huí dá kàn de jiàn kě dào hòu lái
一开始，妻子还耐心地回答：“看得见。”可到后来，
tā de qī zi yàn fán le biàn suí kǒu dá dào kàn bù jiàn
他的妻子厌烦了，便随口答道：“看不见！”

shū dāi zi yī tīng gāo xìng jí le tā chuāi zhe nà piàn xuǎn chū lái
书呆子一听，高兴极了。他揣着那片选出来
de shù yè lái dào jiē shang yòng shù yè dǎng zhù yǎn jing dāng zhe diàn zhǔ de miàn
的树叶来到街上，用树叶挡住眼睛，当着店主的面
qǔ le diàn li de dōng xi jiù zǒu diàn zhǔ lì kè bǎ tā zhuā zhù sòng dào
取了店里的东西就走。店主立刻把他抓住，送到
le guān fǔ
了官府。

xiàn guān tīng shū dāi zi shuō le shì qing de yuán wěi bèi dòu de hā hā
县官听书呆子说了事情的原委，被逗得哈哈
dà xiào méi zhì tā de zuì jiù fàng le tā
大笑，没治他的罪就放了他。

成语中的道理

对自己不了解的事物不要盲目轻信，要仔细分析，要不然就会像故事中的书呆子一样闹出笑话来。

疑邻盗斧

cóng qián yǒu yī gè xiāng xia rén fēi cháng zhēn ài zì jǐ de fǔ tóu
从前，有一个乡下人非常珍爱自己的斧头。
yǒu yī tiān dāng tā yào yòng fǔ tóu gàn huó de shí hou fā xiàn zì jiā
有一天，当他要用斧头干活的时候，发现自家
de fǔ tóu bù jiàn le tā bǎ jiā li de měi gè jiǎo luò dōu zhǎo biàn le
的斧头不见了。他把家里的每个角落都找遍了，
hái shi méi yǒu zhǎo dào xiāng xia rén zuǒ sī yòu xiǎng zěn me yě xiǎng bù míng
还是没有找到。乡下人左思右想，怎么也想不明
bai fǔ tóu zěn me huì bù jiàn le zhè shí tā bù yóu de huái yí qǐ lái
白斧头怎么会不见了。这时，他不由得怀疑起来：
nán dào shì lín jū jiā de ér zi tōu le ma
“难道是邻居家的儿子偷了吗？”

yú shì tā àn dì lǐ zǐ xì de guān chá lín jū jiā de ér zi
于是，他暗地里仔细地观察邻居家的儿子，
yuè fā jué de shì tā tōu le fǔ tóu xiāng xia rén jué de nà rén de
越发觉得是他偷了斧头。乡下人觉得，那人的
shén tài dòng zuò zǒu lù de yàng zi shèn zhì tā shuō huà shí de yǔ diào
神态、动作、走路的样子，甚至他说话时的语调，

dōu xiàng shì tōu le fǔ tóu yī yàng dào hòu
都像是偷了斧头一样。到后

lái xiāng xia rén jī hū zài xīn lǐ kěn
来，乡下人几乎在心里肯

dìng lín jū jiā de ér zi jiù shì tōu fǔ
定邻居家的儿子就是偷斧

tóu de zéi le
头的贼了。

guò le jǐ tiān zhè ge xiāng xia rén dào dì
过了几天，这个乡下人到地

jiào qù chǔ cún wù pǐn zài dì jiào li tā
窖去储存物品。在地窖里，他

yī yǎn jiù kàn dào le zì jǐ nà bǎ bù
一眼就看到了自己那把不

jiàn le hǎo duō tiān de fǔ tóu
见了好多天的斧头。

zhǎo dào fǔ tóu yǐ hòu xiāng xia rén
找到斧头以后，乡下人

zài kàn dào lín jū jiā de ér zi shí jué de tā de yī jǔ
再看到邻居家的儿子时，觉得他的一举

yī dòng yī yán yī xíng hái yǒu shuō huà shí de shén tài qí shí yī diǎnr yě
一动、一言一行，还有说话时的神态，其实一点儿也

bù xiàng shì tōu le fǔ tóu
不像是偷了斧头。

成语中的道理

在没有弄清楚事情的真相之前，不要随便猜疑别人，否则很容易造成误会。

愚公移山

cóng qián yǒu yī wèi lǎo yé ye rén men chēng tā wéi yú gōng tā jiā
从前有一位老爷爷，人们称他为愚公。他家
mén qián yǒu liǎng zuò dà shān yī zuò jiào tài háng shān lìng yī zuò jiào wáng wū shān
门前有两座大山，一座叫太行山，另一座叫王屋山。

yú gōng jué de zhè liǎng zuò shān hěn ài shì rén men jìn jìn chū chū dōu
愚公觉得这两座山很碍事，人们进进出出都
děi rào yuǎn lù yú shì tā zhào jí quán jiā rén kāi huì tí yì bǎ zhè liǎng
得绕远路。于是，他召集全家人开会，提议把这两
zuò shān bān zǒu jiā rén dōu hěn zhī chí yú gōng de xiǎng fǎ
座山搬走。家人都很支持愚公的想法。

cóng cǐ yú gōng měi tiān dài zhe jiā rén wā shān bǎ wā xià lái de
从此，愚公每天带着家人挖山，把挖下来的
tǔ tiāo dào bó hǎi biān
土挑到渤海边。

tóng cūn yǒu gè cōng míng de lǎo tóur tā tīng shuō zhè shì hòu jiù pǎo
同村有个聪明的老头儿，他听说这事后，就跑
lái kàn yú gōng yī jiā shì zěn yàng bān shān de
来看愚公一家是怎样搬山的。

成语中的道理

一个人如果拥有顽强的毅力和不怕困难的精神，他就可以跨越重重障碍，实现自己的目标。

tā jiàn yú gōng lèi de mǎn tóu dà hàn jiù rěn bù zhù jī xiào dào
他见愚公累得满头大汗，就忍不住讥笑道：
nǐ tài shǎ le nǐ zhè me dà nián jì le jiù suàn yī zhí wā dào sǐ
“你太傻了！你这么大年纪了，就算一直挖到死，
zhè liǎng zuò shān yě bù kě néng bèi wā píng de
这两座山也不可能被挖平的。”

yú gōng tīng le hā hā dà xiào shuō wǒ sǐ le hái yǒu ér zi
愚公听了，哈哈大笑，说：“我死了还有儿子，
ér zi yòu shēng sūn zi sūn zi yòu huì yǒu ér zi zǐ zǐ sūn sūn wú qióng jìn
儿子又生孙子，孙子又会有儿子。子子孙孙无穷尽，
zěn me huì wā bù píng ne
怎么会挖不平呢？”

yú gōng de huà gǎn dòng le tiān shàng de shén
愚公的话感动了天上的神
xiān shén xiān jiù bāng tā bǎ zhè liǎng
仙，神仙就帮他把这两
zuò shān bān zǒu le
座山搬走了。

凿壁偷光

xī hàn mò nián yǒu yī gè jiào kuāng héng de rén xiǎo shí hou jiā li hěn
西汉末年有一个叫匡衡的人，小时候家里很
qióng kào gěi dì zhǔ zhòng dì guò rì zi dàn shì tā hěn xǐ huan dú shū
穷，靠给地主种地过日子。但是，他很喜欢读书。

yǒu yī cì kuāng héng tīng shuō cūn li yǒu hù rén jiā jiā li de cáng shū
有一次，匡衡听说村里有户人家家里的藏书
hěn duō yú shì jiù dào zhè hù rén jiā qù qǐng qiú zài tā men jiā gàn huó
很多，于是就到这户人家去，请求在他们家干活。
tā duì zhǔ rén shuō wǒ gàn huó bù yào gōng qián zhǐ yào nín jiè shū gěi wǒ
他对主人说：“我干活不要工钱，只要您借书给我
kàn jiù xíng le
看就行了。”

zhǔ rén bèi kuāng héng de chéng xīn suǒ
主人被匡衡的诚心所
dǎ dòng biàn bǎ tā liú le xià lái kuāng
打动，便把他留了下来。匡
héng xiǎng dào yǐ hòu kě yǐ dú hěn duō shū
衡想到以后可以读很多书，
gāo xìng jí le
高兴极了。

dàn shì bái tiān kuāng héng děi
但是，白天匡衡得
gàn huó jī hū méi yǒu shí jiān dú
干活，几乎没有时间读

成语中的道理

有条件的时候要认真读书，没有条件的时候，也要像匡衡那样，创造条件读书。逆境中成长，收获会更多。

shū dào le wǎn shang tā yòu méi yǒu qián mǎi yóu diǎn dēng hái shi méi bàn fǎ
书。到了晚上，他又没有钱买油点灯，还是没办法
kàn shū tā hěn zháo jí bù zhī gāi zěn me bàn
看书。他很着急，不知该怎么办。

yī tiān wǎn shang kuāng héng zhǔn bèi shuì jiào de shí hou tū rán fā xiàn
一天晚上，匡衡准备睡觉的时候，突然发现
wū zi li yǒu yī sī liàng guāng yuán lái shì lín jū jiā de dēng guāng tòu guò qiáng
屋子里有一丝亮光，原来是邻居家的灯光透过墙
fèng zhào le jìn lái tā líng jī yī dòng zài qiáng bì shang záo le yī gè xiǎo
缝照了进来。他灵机一动，在墙壁上凿了一个小
dòng ràng gèng duō de guāng zhào jìn zì jǐ de wū zi rán hòu tā jiù jiè zhe
洞，让更多的光照进自己的屋子。然后，他就借着
zhè dēng guāng dú shū dào shēn yè
这灯光，读书到深夜。

jiù zhè yàng jīng guò wú shù gè rì
就这样，经过无数个日
yè de kǔ dú kuāng héng zhōng yú chéng wéi
夜的苦读，匡衡终于成为
le yī wèi yǒu míng de xué zhě
了一位有名的学者。

纸上谈兵

zhàn guó shí qī zhào guó yǒu yī yuán dà jiàng jiào zhào shē tā zài dài bīng
战国时期，赵国有一员大将叫赵奢，他在带兵
dǎ zhàng fāng miàn hěn yǒu jīng yàn zhào shē yǒu gè ér zi jiào zhào kuò tā cóng
打仗方面很有经验。赵奢有个儿子叫赵括，他从
xiǎo shòu dào fù qīn de yǐng xiǎng shú dú le hěn duō bīng shū hái jīng cháng hé fù
小受到父亲的影响，熟读了很多兵书，还经常和父
qīn yī qǐ tǎo lùn yòng bīng zhī dào dàn shì zhào shē bìng bù kàn hǎo tā
亲一起讨论用兵之道。但是，赵奢并不看好他。

zhào shē duì qī zi shuō dài
赵奢对妻子说：“带
bīng dǎ zhàng bì xū gēn jù shí jì
兵打仗必须根据实际
qíng kuàng lái xiǎng duì cè zhào kuò
情况来想对策。赵括
zhǐ shì dú le xiē bīng shū bìng méi
只是读了些兵书，并没

yǒu shàng guo zhàn chǎng méi yǒu shí zhàn jīng yàn zhǐ huì zhǐ shàng tán bīng bà le
有上过战场，没有实战经验，只会纸上谈兵罢了。”

hòu lái qín guó pài bīng gōng dǎ zhào guó nà shí zhào shē yǐ jīng guò
后来，秦国派兵攻打赵国。那时赵奢已经过
shì zhào wáng zhòng le qín guó de fǎn jiàn jì biàn pài zhào kuò zhǐ huī jūn duì
世，赵王中了秦国的反间计，便派赵括指挥军队。

zhào shē de qī zi duì zhào wáng shuō wǒ de fū jūn shuō guo ér zi
赵奢的妻子对赵王说：“我的夫君说过，儿子
zhào kuò méi yǒu dài bīng dǎ zhàng de jīng yàn zhǐ shì huì shuō shuō bīng fǎ ér yǐ
赵括没有带兵打仗的经验，只是会说说兵法而已。
rú guǒ zhēn de ràng tā dāng jiàng lǐng kǒng pà huì dǎ bài zhàng
如果真的让他当将领，恐怕会打败仗。”

dàn zhào wáng hái shi jiān chí ràng zhào kuò dāng dà jiāng jūn guǒ rán zhào
但赵王还是坚持让赵括当大将军。果然，赵
kuò zhǐ dǒng de sǐ bān bīng shū shang de dào lǐ zuì zhōng dǎ le dà bài zhàng
括只懂得死搬兵书上的道理，最终打了大败仗。

成语中的道理

书本上的理论和知识，要在实践中灵活运用才能发挥作用。生搬硬套书本上的东西是行不通的。

趾高气扬

春秋时期，楚国有个叫屈瑕的将军，非常骄傲自大。有一次，他率兵出征，得胜归来，受到了楚王的嘉奖。从此，他便愈加骄傲起来，再也不把任何敌人放在眼里。

过了两年，屈瑕奉命去攻打罗国。出师那天，屈瑕全身披挂，威风凛凛地登上战车，信心满满地向送行的大臣告别后，便扬长而去。

送行的官员斗伯比回来之后，忍不住对楚王说：“大王，我想屈将军这次一定会打败仗，因为我看他走路的时候把脚抬得高高的，如此骄傲自大，怎么能冷静、正确地指挥作战呢？”

楚王听了，觉得很有道理，便赶紧派人去追屈

成语中的道理

骄傲自满、得意忘形的人，终究是会失败的。所以，即使取得了好成绩也要保持谦虚，这样才能不断提升自己。

xiá kě shì yǐ jīng zhuī bù shàng le
瑕，可是已经追不上了。

qū xiá shuài jūn dào le luó guó dū chéng wài gèng jiā bù kě yī shì dú
屈瑕率军到了罗国都城外，更加不可一世，独
duàn zhuān xíng duì dí jūn yī diǎnr yě bù zuò jiè bèi hěn kuài luó jūn
断专行，对敌军一点儿也不做戒备。很快，罗军
duì chǔ jūn jìn xíng le měng liè gōng jī chǔ jūn yī xià zi jiù bèi dǎ de luò
对楚军进行了猛烈攻击，楚军一下子就被打得落
huā liú shuǐ
花流水。

qū xiá chéng zhe yī liàng zhàn chē láng bèi ér táo
屈瑕乘着一辆战车，狼狈而逃。
zuì hòu tā jué de méi liǎn huí guó
最后，他觉得没脸回国
jiàn chǔ wáng biàn zì shā xiè
见楚王，便自杀谢
zuì le
罪了。

专心致志

cóng qián yǒu yī gè xià qí néng shǒu jiào yì qiū tā de qí yì fēi
从前，有一个下棋能手叫弈秋，他的棋艺非
cháng gāo chāo suǒ yǐ hěn duō rén dōu mù míng qián lái xiàng tā bài shī xué yì
常高超，所以很多人都慕名前来向他拜师学艺。

yǒu yī cì yì qiū shōu le liǎng gè cōng míng de xué shēng tóng shí wèi tā
有一次，弈秋收了两个聪明的学生，同时为他
men shàng kè tā yī xīn xiǎng bǎ zì jǐ de qí yì chuán shòu gěi tā men jiǎng
们上课。他一心想把自己的棋艺传授给他们，讲
kè tè bié rèn zhēn
课特别认真。

qí zhōng yī gè xué shēng rèn zhēn de tīng zhe yì qiū de měi yī jù jiǎng jiě
其中一个学生认真地听着弈秋的每一句讲解
hé fēn xī duì zhōu wéi de shì quán dōu bù jiā lǐ huì yī yǒu yí wèn tā
和分析，对周围的事全都不加理会。一有疑问，他
jiù xū xīn de xiàng yì qiū qǐng jiào zhí dào nòng dǒng wéi zhǐ
就虚心地向弈秋请教，直到弄懂为止。

ér lìng yī gè xué shēng ne kàn shàng qù yě zài tīng yì qiū jiǎng kè qí
而另一个学生呢，看上去也在听弈秋讲课，其
shí xīn si bìng bù zài zhè lǐ tā yī huìr kàn kàn chuāng wài de lán tiān bái
实心思并不在这里。他一会儿看看窗外的蓝天白
yún yī huìr yòu tīng tīng tiān shàng de niǎo míng dāng fā xiàn tiān shàng yǒu hǎo
云，一会儿又听听天上的鸟鸣。当发现天上有好
jǐ zhī dà yàn fēi guò shí tā biàn xiǎng yào shi wǒ yǒu yī zhāng gōng jiù néng
几只大雁飞过时，他便想：要是我有一张弓，就能

射下一只大雁来烤着吃，那该多美味啊！弈秋课讲完了，他也没发现。

日子一天天过去了，虽然这两个学生拜同一个老师，每天一起学习，可最终的收获却天差地别。专心致志的那个进步很快，成了棋艺高强的名手，总是开小差的那个却一点儿本事都没学到。

成语中的道理

做每件事，都要专心致志、一心一意。如果三心二意的话，很有可能最终一无所获。

自相矛盾

yī tiān zài yī gè rè nao de jí shì shang
一天，在一个热闹的集市上，
yǒu gè rén ná zhe máo hé dùn zài jiào mài
有个人拿着矛和盾在叫卖。
tā xiān ná qǐ máo yī biān zuò
他先拿起矛，一边做
zhe cì shā de dòng zuò yī biān dà shēng
着刺杀的动作，一边大声
duì zhōu wéi de rén shuō dà jiā lái
对周围的人说：“大家来
kàn kàn a wǒ zhè máo shì duō me jiān
看看啊，我这矛是多么坚
yìng duō me ruì lì shén me dōng xi dōu néng cì chuān
硬，多么锐利！什么东西都能刺穿！”

guò le yī huìr tā kàn méi yǒu rén xiǎng mǎi yú shì jiù bǎ máo fàng
过了一会儿，他看没有人想买，于是就把矛放
xià ná qǐ dùn pái shuō dà jiā zài kàn kàn zhè dùn pái ba tā kě jiān
下，拿起盾牌，说：“大家再看看这盾牌吧！它可坚
gù le shén me ruì lì de wǔ qì dōu bié xiǎng cì chuān tā
固了，什么锐利的武器都别想刺穿它！”

wéi guān de rén tīng le yǒu de yáo tóu biǎo shì huái yí yǒu de zé zǒu
围观的人听了，有的摇头表示怀疑，有的则走
shàng qián qù mō mō máo yòu mō mō dùn xiǎng yàn míng zhēn jiǎ
上前去摸摸矛，又摸摸盾，想验明真假。

成语中的道理

说话做事要实事求是，否则就会像这个商人一样无法自圆其说，被人笑话。

tū rán yǒu gè rén wèn dào nǐ gāng cái shuō de dōu shì zhēn de
突然，有个人问道：“你刚才说的都是真的？”

tā háo bù yóu yù de huí dá dāng rán shì zhēn de
他毫不犹豫地回答：“当然是真的！”

nà rén tīng le jiù yī shǒu ná qǐ máo yī shǒu ná qǐ dùn wèn
那人听了，就一手拿起矛，一手拿起盾，问：

nà yòng nǐ de máo lái cì nǐ de dùn jié guǒ huì zěn me yàng ne
“那用你的矛来刺你的盾，结果会怎么样呢？”

zhōu wéi de rén yī tīng dōu hā hā dà xiào qǐ lái zhè ge
周围的人一听，都哈哈大笑起来。这个

rén bù zhī dào gāi zěn yàng huí dá zhǐ hǎo shōu shi dōng xi zǒu le
人不知道该怎样回答，只好收拾东西走了。

图书在版编目（CIP）数据

小成语大道理 / 幼狮文化改编. —杭州：浙江少年儿童出版社，2017.1

（七彩童书坊）

ISBN 978-7-5342-9753-3

Ⅰ.①小… Ⅱ.①幼… Ⅲ.①汉语－成语－故事－儿童读物 Ⅳ.①H136.31-49

中国版本图书馆CIP数据核字（2016）第304979号

七彩童书坊

XIAO CHENGYU DA DAOLI

小成语大道理

改编 / 幼狮文化
插画 / 赵光宇
责任编辑 / 柳红夏
文字编辑 / 刘梦瑶
美术编辑 / 楼迎春
责任印制 / 吕鑫
浙江少年儿童出版社出版发行
杭州市天目山路40号 310013
深圳市福圣印刷有限公司印刷
全国各地新华书店经销

开本 / 889mm × 1168mm 1 / 24
印张 / 5.5
印数 / 1-10120
字数 / 89400
2017年1月第1版
2017年1月第1次印刷
书号 / 978-7-5342-9753-3
定价 / 18.00元
服务热线 / 020-38312206
幼狮官网 / yosbook.com